LA SORCELLERIE FACE À L'ÉTAT

« Violence et société »
Sous la direction de Michel K. Gbagbo
Maître de conférences

Cette collection a la volonté de publier des textes et des ouvrages touchant au problème de la violence et de la criminalité dans les sociétés d'Afrique de l'Ouest. Elle se veut multidisciplinaire et mobilise des disciplines aussi complémentaires que la politologie, le droit, l'anthropologie, la sociologie et la psychologie. Dans la continuité de l'école française, elle s'inspire des travaux pionniers d'Alain Sissoko, ou de la recherche d'Adrien Bassitché sur « La criminalité à Abidjan ».

Les phénomènes sur lesquels se penche cette collection puisent dans l'actualité contemporaine et concernent aussi bien la déviance et la société que l'appartenance et la résistance aux sectes, la dangerosité psychiatrique, la criminalité culturelle, les relations amoureuses en prison, la prostitution, l'hypersexualisation des mineures, la violence policière et syndicale, les agressions dans les transports en commun, la criminalité transfrontalière ou la circulation illicite des armes à feu de petit calibre.

Raymond Nébi BAZARÉ

LA SORCELLERIE FACE À L'ÉTAT

Étude ethnographique, sociologique et juridique d'un phénomène criminel en terrain rural

Préface de Souleymane Konaté
Postface de Michel Koudou Gbagbo

L'Harmattan

5-7, rue de l'Ecole-Polytechnique, 75005 Paris

www.editions-harmattan.fr

ISBN : 978-2-343-22251-6
EAN : 9782343222516

Dédicace

À ma mère Marthe et à feu mon père Daniel Bazaré qui n'ont cessé de m'apporter amour, bénédiction, soutien moral et financier depuis ma tendre enfance.

À Monsieur André Akadji Ahipo, ce véritable guide pour qui cet ouvrage est l'équivalent d'une mission bien remplie ; ainsi qu'à toute sa famille (ma deuxième famille).

Et à ma dulcinée, Princesse Nadège N'Guessan, pour son amour et les soutiens de tous ordres de sa part. Ainsi qu'a toute sa famille, ma belle-famille.

Remerciements

Dès l'entame de cet ouvrage, nous tenons à remercier Monsieur le Professeur Alain Sissoko, Professeur Titulaire de Sociologie, Doyen Honoraire de l'UFR Criminologie qui a eu à diriger notre Thèse de Doctorat unique de Criminologie portant sur « La criminalité liée aux Pratiques de Sorcellerie dans la région de Divo (RCI) ».

Nos remerciements vont également à l'endroit de Monsieur le Professeur Opadou Koudou, Professeur Titulaire de Psychopathologie sociale, Directeur de la formation initiale à l'E.N.S (École Normale Supérieure d'Abidjan), qui a co-dirigé, sans condition et sans relâche aux côtés du Doyen Sissoko, notre Thèse.

Nous remercions aussi le personnel (Enseignant-Chercheurs et PAT[1]) de l'UFR de Criminologie de l'Université Félix Houphouët-Boigny d'Abidjan Cocody, ainsi que les étudiants Souleymane Konaté, Guéhi Kle, Guy Ulysse N'Guessan et Ousmane Diallo.

Pour terminer, nous exprimons notre profonde gratitude à l'endroit des disciples du voyant-guérisseur Janot Koudou, aux chefs coutumiers qui ont bien voulu nous recevoir et nous renseigner sur cette thématique particulière et à qui nous rendons hommage.

Que mes frères et sœurs, ainsi que nos amis soient aussi salués. Il s'agit particulièrement de Blandine Dallo, Patrice Rivoli Djinzou, Antoine Krigbo, Jeannine Niébro (« Lago »), Mathieu Rodrigue Gallet dit « Odi », Amélie Gisèle Omlo (« Jiji »), Belle Béatrice Vanessa Fine Gnougbo (« Béa »), John, Serge Déplé, Suzy, Leïla, Nado (« Pasta »), Clovis,

[1] PAT : Personnel Administratif et Technique

« Tommy Highfinger », Sandou, Edwige Mensah, Ashley, Papounan, Touki…. Merci à vous tous pour votre soutien et votre fraternité. Et merci également aux familles Rabé et Zoubli, ainsi qu'à Pacôme Gondo, Nébi Fatcha, Gérard Dro et Guy Serge Lobouet.

Le feu peut jaillir d'une pierre retirée du plus profond de la rivière »

Proverbe Dida

Préface

La sorcellerie, du latin *sortiarus*, est la plus vieille pratique criminelle connue. L'Europe organisa de 1560 à 1630 une « chasse aux sorcières » ; plus d'un million de sorciers présumés en furent victimes. La plus célèbre, Anna Göldin, fut la dernière exécutée en Suisse. Elle fut brulée vive dans le canton de Glaris, le 13 juin 1782. Un musée inauguré en 2007 lui est consacré à Mollis.

Notre Auteur, homme de sciences sociales, humaines et criminologiques, est passionné de cette pratique dont il envisage de percer le mystère. Et peut-être même réduire l'ampleur, en Afrique noire, plus particulièrement en Côte d'Ivoire.

En Maitrise de Criminologie, déjà, il chercha à connaitre et comprendre les actions des « tradipraticiens »[2], à Lakota[3], en Côte d'Ivoire. N'en démordant pas, il étudia ensuite, en année de DEA[4], un autre pan de la question : les conflits occasionnés par la pratique de la sorcellerie dans la sous-préfecture de Divo[5]. Ayant affiné ses armes, l'auteur décidât d'élargir son champ d'investigation en Thèse de Doctorat Unique, par l'approche de la criminalité qu'impliqueraient les pratiques sorcellaires dans la région de Divo d'où il est originaire, et ses implications juridiques.

---

[2] Un **tradipraticien** (aussi appelé « tradithérapeute », *nganga* et *sangoma*, qui signifient guérisseur) exerce une pratique médicale non conventionnelle reposant sur des approches présentées comme traditionnelles dans certaines communautés africaines.

[3] **Lakota** : Ville du Sud-ouest ivoirien.

[4] **DEA** : Diplôma d'Études Approfondies. L'équivalant du Master II aujourd'hui.

[5] **Divo** : Une autre ville du Sud-ouest ivoirien dont est originaire l'auteur.

Aujourd'hui enseignant-chercheur à la Faculté de Criminologie de l'Université Félix Houphouët Boigny d'Abidjan (RCI), il écrit ce livre : « La sorcellerie face à l'État : étude ethnographique, sociologique et juridique d'un phénomène criminel en terrain rural. ». Titre très audacieux et ambitieux s'il en est. Il y tente de comprendre, autant que faire se peut, les phénomènes sorcellaires au travers d'une démarche scientifique. Il n'hésite pas pour cela à interroger des « spécialistes » de la question : tradipraticiens, charlatans, voyants-guérisseurs, mystiques, religieux.

L'auteur commence par investiguer les relations intrafamiliales. Puis la place la sorcellerie dans le contexte des conflictualités liées aux enjeux internes de pouvoir. Débordant ce microcosme, il attaque ensuite une échelle plus vaste ; celle de plusieurs villages et même de toute une région.

C'est la réaction sociale qui est placée sous le feu de la critique nourricière : quelle est-elle ? *Quid* de son efficacité ? Quels en sont les fondements si l'on considère la problématique des aveux et de l'auto-confession ?

Comment ne pas voir, chez cet auteur, une tentative de réinventer la question sociale, en Afrique. Comment ne pas aussi percevoir en lui l'existence d'un débat anthropologique pernicieux ; car faire le choix d'une sorcellerie prégnante dans les relations humaines équivaut à donner une place, peut-être pas en arrière, mais à tout le moins à part, à la civilisation dite nègre dans le concert des nations.

Au niveau du droit pénal – le criminologue est aussi juriste, par sa formation – la sorcellerie continue de poser question. Dans sa définition d'abord. Dans son traitement ensuite. En s'intéressant à l'émotion produite, au trouble à l'ordre public occasionné, le juriste installe le malaise : il se garde de définir ce qu'est un charlatan, un marabout, un féticheur, un « mangeur d'âmes »… Et pourtant veut punir la fonction afin d'éteindre la clameur populaire vengeresse. Mais est-ce son rôle ? Si les occasions de suspicions ne manquent pas, là où vivent les hommes, comment, dans le ces de la sorcellerie, absoudre la justice de son besoin de preuve ? Et que valent donc les « confessions » recueillies ?

La qualité de « sorcier-délinquant » mérite-t-elle un article du Code pénal ivoirien ? À elle seule, cette interrogation nous place, plus particulièrement en Côte d'Ivoire, en face d'une « urgence anthropologique ». Laquelle nécessite selon l'auteur – il le sent depuis son enfance confesse-t-il – la mobilisation concertée des politiciens et des scientifiques, des juristes et des « tradionnistes » au sens de Delafosse. Il en va de l'existence d'une véritable jurisprudence dans le cadre de la gestion des déviances liées aux pratiques rituelles.

Homme d'action, l'auteur, une fois ces préalables levés, propose au corps social des moyens originaux de contrôle social de la pratique sorcellaire afin de gérer au mieux les conflits qu'elle génère. Car il le dit, la science, dans sa progression, n'a pas pour vocation d'épaissir davantage les mystères. Elle se doit au contraire d'être, à l'image de Jung, un questionnement « des profondeurs ». Ce qui implique nécessairement un dépassement épistémologique de la question métaphysique. Bazaré espère inviter la « science » occulte à se faire chose saisissable. Il en veut faire un objet de science. Et il n'attend pas forcément d'y parvenir complètement avant de tenter – comme un initié – d'en tirer parti pour la société.

Ce livre, dont le contenu prend sa source dans une étude effectuée en milieu rural, répond de façon systématique et urgente aux préoccupations de la science criminologique actuelle ; expliquer le crime, quel que soit l'angle sous lequel il se présente. L'auteur propose une sorte de trypsine englobant les déviances liées à la sorcellerie, les modes traditionnels de gestion des conflits rattachés à ce phénomène et le droit coutumier en la matière, ce qui lui permet, plus que tout autre auteur en la matière – et c'est de là sans nul doute que provient la clarté de ses idées – de regarder *du dedans* son objet d'étude.

Souleymane Konaté
Lauréat du prix du meilleur jeune écrivain africain
AFRICAN TALENTS AWARDS 2017

Introduction

La criminalité a depuis toujours constitué une préoccupation pour nos sociétés. À son encontre, une réaction sociale à caractère judiciaire s'établit à travers le procès pénal. Et ce caractère judiciaire est précisément octroyé par un principe fondamental définissant le délinquant comme acteur infractionnel jugé et condamné par une juridiction compétente. Le juge doit en effet se départir de l'influence de la *doxa*, incompétente, et connaitre de toute affaire, non en s'appuyant sur l'instinct grégaire, l'intuition et l'aveuglement de la colère, mais de manière réfléchie et réglementée.

Ce simple rappel vaut parce que se pose un problème. Lorsque la criminalité se présente sous une forme directement observable (celle d'un « brigand » ou d'un « gangster » opérant dans les rues), elle est traitée à l'habitude des crimes de droit commun, jugée et sévèrement condamnée. Mais quand elle prend l'allure de pratiques occultes, elle est difficilement prise en compte. Voire pas du tout. Cela, alors même que les populations attendent de l'État qu'il éteigne leurs angoisses. Mais comment pourrait-il régenter, lui, le monde de l'invisible, de l'immatériel ?

Les résultats matériels des forfaits commis par les délinquants spirituels (sorcier-délinquants, terroristes primitifs, pirates psychiques…) iraient même jusqu'au meurtre (il y aurait, semble-t-il, des cas de « meurtres » ou de « crimes » en série). Mais si comme on le constate, l'explication du phénomène n'est pas très aisée, c'est certainement parce que le sujet, c'est l'Homme, être complexe fait de la somme de l'héritage des caractères et des influences de son milieu de vie.

Le problème qui se pose ici, fait aussi allusion à un autre fait majeur : on a de plus en plus l'impression que le milieu rural criminogène se situe « en dehors de la République ». En effet, les questions s'y afférant semblent être examinées avec une certaine discrimination à la vue de la gestion laborieuse des déviances qui y sont perpétrées.

Le problème ainsi posé, nous comprenons davantage que le crime reste un phénomène complexe. Résultat d'une relation entre l'individu et la société, sa culture, aucun crime, individuel ou collectif, si il est avéré, n'est sans cause. Si l'une des questions prépondérantes qui se posent à tous est : comment expliquer la pratique de la sorcellerie en tant que phénomène criminel ? L'interrogation majeure reste, à notre avis : quelle pourrait être la solution au problème de la sorcellerie ? En d'autres termes, quels sont les indicateurs susceptibles de nous éclairer sur la question ?

L'étude qui sous-tend ce livre (tiré de notre Thèse) est donc fondée sur l'examen du thème central qu'est la relation entre droit pénal et sorcellerie en Côte d'Ivoire, à la lumière de la Criminologie.

De plus en plus, en effet, les tribunaux pénaux traitent à leurs audiences de cas de sorcellerie (56 % des affaires des tribunaux de Divo). Et les juges sont confrontés à un problème majeur que le législateur n'a pas pu, jusque-là, clarifier : la matérialité des pratiques de sorcellerie que la loi, en son article 205 du Code pénal ivoirien, leur demande de condamner. Car comment établir, au terme de la loi, la matérialité des preuves, et donc la culpabilité éventuelle ?

La gestion judiciaire et moderne du phénomène sorcellaire se trouve également confrontée au sens à accorder aux conflits qui la sous-tendent : ceux-ci relèvent le plus souvent de la vie privée et de vengeances entre personne. Ce qui explique la difficulté à la soumettre au contrôle social régulier. Et à en cerner les manifestations. Dans le monde rural notamment, où de nombreux conflits opposent les populations entre elles (familles, communautés), sa pratique la fait trop souvent adjuvant à la criminalité. La justice s'y trouve confrontée alors au problème multiséculaire de sa gestion « sectaire », marchant au rythme de cultures et de pratiques locales parfois fort éloignées des codes législatifs républicains.

Un autre fait majeur concerne les accusations portant sur des mineurs avec tout ce qu'elles renferment comme phénomènes de maltraitances, voire d'assassinats. L'appellation d'Enfants dits Sorciers (EDS) est en elle-même inquiétante. La demande sociale orientant la recherche, la science a depuis longtemps mené des investigations en vue d'expliquer le phénomène, mais l'énigme demeure. La science, le droit pénal, disons la société tout entière, tous s'évertuent à comprendre le phénomène en vue de le circonscrire. Avec des résultats mitigés cependant. Car, quels sont-ils, ces actes concrets, qui traduiraient des crimes de sorcellerie ? Et qui en seraient les auteurs ? Quelle en serait l'ampleur ? Comment discriminer ses facteurs explicatifs et ses conséquences ? Comment lutter contre ces pratiques et quelles propositions faire en vue d'aider à les contenir ?

Ce livre à une visée pratique : aider à une décroissance du nombre de conflits liés au phénomène. Il s'agit de façon spécifique de relever les facteurs explicatifs de la multiplication des crimes liés à la sorcellerie, d'améliorer l'outil juridique rattaché à la sorcellerie et d'assister la communauté sur les questions de sorcellerie – par l'éducation.

Une précision cependant. Il ne s'agit pas ici d'un travail d'initiation à la sorcellerie. Ni aux meurtres rituels ! Mais d'une tentative de déconstruction des idées reçues. De remise à plat du concept de « sorcellerie » comme objet d'étude. Le chercheur vise à l'explication de la relation entre sujets humains et phénomènes dits invisibles relevant des croyances et engendrant des pratiques, parfois délinquantes.

Cet ouvrage constitue enfin une contribution à l'essor de la science criminologique en Côte d'Ivoire et plus loin, en Afrique occidentale. Il n'est donc pas exempt de réprobations. Nous souhaiterions tout simplement aider les gouvernants, ainsi que les intervenants en milieu judiciaire – et législatif, de même que ceux relevant du secteur de la santé et des dispositifs médico-légaux, à s'intéresser de plus près aux questions croisées de la déviance et du mysticisme. Leaders, élus, religieux, magistrats, chefs coutumiers, tous, à y voir, ont un intérêt à la question, celle de la gestion de la Cité.

Une question finale : Quelle sorcellerie aujourd'hui ? La sorcellerie demeure, en Afrique noire, un enjeu de pouvoir. Loi morale non écrite, elle sert de principe régulateur, mais est trop souvent mise au service des puissants. Un schisme ne cesse de se creuser ; entre ceux qui en font usage, par intérêt égoïste peut-être, et ceux qui y décèlent un savoir de l'universel. Dans un monde en pleine mutation, la question de sa domestication se pose. Oui, de quelle « sorcellerie » est-il question ? De quels « sorciers » parlons-nous ? Aux carrefours, dans les villes, des personnes délaissant leur terroir, vendent, en français, et au tout-venant, des amulettes, des potions, des poudres… dans une indifférence des consciences. Et pour des motifs suspicieux parfois, certains citadins et ruraux y vont « consulter », pensant s'absoudre de difficultés diverses.

Toutes ces pratiques témoignent de la survivance d'un mode de pensée téléologique plaçant, dit I. Sow (1977), les rapports interindividuels dans l'orbite de la jalousie et du conflit. L'Autre, l'Alter égo est le responsable-repoussoir des déboires rencontrés et contre lequel il faut se défendre, par une « contre-attaque » aux multiples facettes, nécessairement en lien à la geste sorcellaire. À l'indifférence des autorités face à cette geste, se joint l'ignorance des populations (analphabètes pour la plupart). Tout est mis au compte du sacré – même désacralisé – de l'alcôve. En ce sens, à côté des maux comme la criminalité à col blanc et le grand banditisme, la sorcellerie se montre à voir aujourd'hui comme un objet d'étude sacré et ancré dans la criminologie en contexte africain.

Chapitre I.
Problématique

I. Une pluralité des approches

Selon les nombreuses études sur le sujet, la sorcellerie, en tant qu'objet, est diversement conçue. Objet métaphysique chez Noémi Quid, (1984)[6], et Pierre La Greugne, (1985)[7], elle relève de la parapsychologie ; l'envoûtement, les opérations magiques y désignent des pratiques « astrales » de phénomènes « fluidiques » ou « éthériques ». Au cœur de ce processus, la volonté : *« La volonté humaine est le moyen d'action. Le fluide humain, l'outil. Et l'envoûtement, l'opération magique réalisée »,* dit **N.** Quid (1984). À y voir, le concept semble sortir du champ de la science et s'apparenter à un acte d'illusion – d'occultisme. Pour devenir synonyme d'irréalisation, de leurres, de fiction, de superstitions donc. Les propos de N. Quid (*Ibid.*) : *« Pour faire acte d'envoûtement, il faut qu'une partie du corps astral de celui qui opère se trouve lancée à l'extérieur de son corps physique, et se serve de ce qui a été préparé d'avance à cet effet. »,* renforcent cette conclusion.

Mais et si Noémi Quid et Pierre La Greugne n'interrogeaient pas l'objet. Mais sa perception chez les acteurs ? Un peu comme un psychiatre décrirait les perceptions du schizophrène, pour déduire l'objet

---

[6] **Noemi Quid** (1984) : *Les rites secrets de l'envoûtement et du désenvoûtement,* Paris, Éditions l'Olivier d'Argent, 182 p.

[7] **Pierre La Greugne** (1985) : *Les vrais secrets de sorcellerie,* Paris, Éditions l'Olivier d'Argent, 141 p.

schizophrénie, immatériel dans son essence, incontestablement vivant pourtant. La sorcellerie existe seulement parce que l'on y croit, par ses effets sur le comportement, et est donc digne d'intérêt. C'est du moins là que se situe l'apport des auteurs cités.

Jean Palou (2002)[8], justement, en fait une construction perceptive des « mentalités primitives » issues des « siècles passés », à la manière de l'anthropologue E. E. Evans-Pritchard (1965)[9]. En soulignant l'aspect évolutif de la sorcellerie dans l'espace et dans le temps, il se situe dans la lignée de sociologues positivistes comme Auguste Comte (1970)[10], et sa « Loi » des trois états (fétichisme, polythéisme, monothéisme). Et l'a défini subséquemment comme idéologie (système prédéfini d'idées à partir duquel est analysé le réel) dans ses trois dimensions cognitive/morale/normative. Imposée de façon diffuse dans la quotidienneté, déterminant les rapports à Soi, aux autres et aux choses, elle semble chez l'auteur se heurter à sa sensibilité chrétienne, européocentrée, bien qu'il reconnaisse au « sorcier » le statut d'acteur dans l'adversité sociale.

Pour Peter Geschiere, (2005)[11], cette « survivance primitive » dans l'Afrique contemporaine tient de ce que tout pouvoir s'y réfère aux forces occultes (du *djambe),* à la « sorcellerie » donc. Au creux de cette légitimation sous-tension, il voit un affrontement. Entre mondes adverses, traditionnel et moderne, se disputant le contrôle de la Cité.

---

[8] **Jean Palou** (2002) : *La sorcellerie*, Paris, Presses Universitaires de France, Collection Que sais-je ? 128 p.

[9] **E. E. Evans-Pritchard** (1965) : *La religion des primitifs. À travers les théories des anthropologues*. Paris, Petite Bibliothèque Payot, 152 p.

[10] **Auguste Conte** (1970) : *Plan des travaux scientifiques nécessaires pour réorganiser la société*, Paris, Aubier-Montaigne, Collection La philosophie en poche, 170 p.

[11] **Peter Geschiere** (1995, 2005) : *Sorcellerie et politique en Afrique. La viande des autres*. Paris, Editions Karthala, Collection les Afriques, 320 p.

À la fois croyance et illusion – tout malheur inexpliqué serait dû à l'intention maléfique d'individus dotés de pouvoirs surnaturels – la sorcellerie, dit Clément Fabrice (2003)[12], est inséparable de l'esprit humain. Les sciences cognitives en décrivent les mécanismes psychologiques ; ce sont eux qui assurent, dit-il, à la sorcellerie son succès culturel. Un point : il s'agit toujours de l'appréhension du déroulement normal des évènements naturels. Et de la détention d'actions intentionnelles, quoique ces manifestations de l'universel, aurait dit Georges Devereux, demeurent infinies.

Marc Augé (1976)[13], est celui-là qui, par un renouveau paradigmatique, parle de « croyances » à la sorcellerie, celles-ci constituant bien, on le sait, un objet de l'anthropologie. Il note que la littérature sur le propos est, pour l'essentiel – et pour le meilleur – anglo-saxonne ; cela semblant être dû au rôle prépondérant que joueraient les croyances dans le fonctionnement de la vie sociale britannique. *« Le secteur des croyances à la sorcellerie n'est pas clairement défini.* », dit-ill. Car rajoute John Middleton (1963)[14], l'on ne sait pas toujours, entre religion et sorcellerie, où se situe la frontière. Pour M. Augé, (*Ibid.*), en effet, si on s'accorde que les croyances à la sorcellerie et la structure sociale paraissent fournir à l'Anthropologie un objet d'observation et d'analyse, *« ... la nature de cet objet fait problème ».* On ne peut s'oblitérer de tout doute sur l'identité du phénomène étudié, relève-t-il. Car comment peut-on considérer l'objet « sorcellerie » comme une

---

[12] **Clément Fabrice** (2003) : L'esprit ensorcelé. Les racines cognitives de la sorcellerie, In. *Terrain* [en ligne], Revue d'anthropologie de l'Europe, n° 41 /2003 (Poésie et politique), mis en ligne le 11 septembre 2008. URL : http://terrain.revues.org/1670

[13] **Marc Augé** (1976) : Savoir Voir et Savoir Vivre : les Croyances à la Sorcellerie en Côte d'Ivoire, In. *Africa : Journal of the International African Institute,* Vol. 46, No. 2 (1976), pp. 128-136

[14] **John Middleton** (1963) : Witchcraft and Sorcery in Lugbara, In. John Middleton et Edward H. Winter (éd.) (1963) : *Witchcraft and Sorcery in East Africa*, Londres, Routledge and Kegan Paul, 1963, pp. 257-276.

relation (intra-lignagère ou avec l'étranger), alors que les alliés et les voyants auraient leur rôle dans le mécanisme social qui l'inclut ?

C'est que, dit-il, la sorcellerie est un concept vivant, au sens psychosociologique du terme, et du vivant. Elle ne vit pas isolée d'une certaine ambiance sociale, a ses manifestations colorées de culture, et se réinvente sans cesse, comme l'atteste ce foisonnement de « pasteurs » et autres « prophètes » essaimant dans la ville en propageant des conceptions par trop similaires aux croyances traditionnelles. La croyance en la sorcellerie, finalement, interroge – sur un plan métaphysique – deux principes bien humains : l'un actif (de l'ordre de l'agressivité), l'autre passif (celui de la victimité) ; les deux fondant la « formule psychique » de toute personne.

Le « gestaltisme » d'Éric de Rosny, (2006)[15], rejoint cela : inséparable du collectif dans lequel baigne l'individu, la croyance témoigne à la fois de pratiques, et de commodités individuelles, psychologiques, pour s'y déployer, chaque acteur étant à la fois « lui » et ce « tout » (les autres, les Ancêtres) auxquels le rattachent ses croyances.

Le pluralisme épistémologique. Tel est l'angle majeur, entre savoir scolastique et pratiques du terrain, sous lequel devrait scientifiquement pouvoir s'appréhender cette croyance, chez Bogumil Jewsiewicki (2017)[16]. Sorcellerie, guérison, sont toutes deux produits de culture. Et une porte d'entrée aux nouveaux horizons de la science – et de la scène – humaine. Amarrées aux traditions ou civilisations, dépassant le prisme étriqué entre magies blanche et noire, elles se ramènent en général à la résilience. La sorcellerie participe

---

[15]**Éric de Rosny** (dir.) (2006) : *Justice et sorcellerie*, Paris, Karthala, 385 p. Voir aussi **Nicolas** Monteillet (2008) : Rosny Éric, Justice et sorcellerie, In. *Journal des africanistes*, 78-1/2 | 2008, p. 350-353.

[16] **Bogumil Jewsiewicki** (2017) : Préface. In. Eduardo Quaretta (2017) : *Enfances ambiguës. Anthropologie des enfants accusés de sorcellerie au Katanga, RDC*, Paris, L'Harmattan, Collection Région des Grands Lacs, 284 p.

ainsi d'un ré-enchantement du monde, partout sensible. Et à tous les temps.

Comme croyance, la sorcellerie ne saurait cependant être abusivement « psychologisée », au risque de n'être plus qu'une pensée, (Monique Augras, 1996)[17]. L'anthropologie a parfois profité de cette tendance, ce qu'illustre bien Claude Lévi-Strauss (1962)[18], dans « La pensée sauvage » ; le registre de l'efficacité symbolique permettant chez lui d'établir un parallélisme entre chamanisme et psychanalyse. Ou encore Georges Devereux (1970)[19]. Cependant, Jeanne Favret Saada (1977)[20], note : la sorcellerie dépasse le conflit intrapsychique ; elle se situe dans un champ de forces mettant en jeu des rapports de pouvoir. Au pouvoir. Notre auteure rejoint dès lors Bourdieu. Car cause exclusive du malheur psychique, la sorcellerie résonne également d'autres étiologies : interprétation de la souffrance, logiques projectives, statut. Et celles-ci constituent toutes un prototype au modèle officiel d'interprétation des différentes catégories explicatives du malheur (J. Andoche, 1993)[21].

Cela dit, demeure encore la question des fondements juridiques des procès de sorcellerie à notre époque. Comme l'atteste l'article 205 du Code pénal ivoirien relatif au Charlatanisme, à la Magie et à la Sorcellerie, le législateur se trouve démuni face à l'élément matériel nécessaire pour

---

[17] **Monique Augras** (1996) : Psychanalyse et sorcellerie. Notes de lecture, In. *Journal des anthropologues*, Année 1996, n° 64-65, p. 143-152.

[18] **Claude Lévi-Strauss** (1962) : *La pensée sauvage* Paris, Plon, Collection Agora, 347 p.

[19] **Georges Devereux** (1970) : *Essai d'ethnopsychiatrie générale*, Paris, Gallimard, 397 p. Devereux met en avant le transfert et le contre-transfert présents dans la recherche de terrain chez les enquêteurs et les enquêtés (les premiers commençant à s'interroger sur leur travail et leurs désirs).

[20] **Jeanne Favret-Saada** (1977) : *Les mots, les morts, les sorts, la sorcellerie dans le Bocage*, Paris, Gallimard, NRF, 332 p.

[21] **Jacqueline Andoche** (1993) : La « sorcellerie » dans l'explication du malheur psychique à la réunion, In. *Psychopathologie africaine*, 1993, XXV, 2, p. 161-174.

qualifier l'infraction de sorcellerie ; la loi en souffre. Sur quoi alors portent ces procès parfois médiatisés et quelles définitions donner des actes de sorcellerie ? Comment réaliser leur soumission au droit ? Et comment encore pareillement judiciariser (par le Code napoléonien du juge colonial) des espaces du légal, du moral et du social si dissemblables ? Si Ogo Seck Papa, (1994),[22] atteste de ce que les actes de sorcellerie restent variés (allant des profanations jusqu'au crime, en passant par des incantations, invocations et violations...), et s'il retient comment l'on passe ainsi à un renversement de la responsabilité entre accusateurs et accusés, il demeure circonspect sur la question des ambiguïtés conceptuelles. Aux yeux des « non-initiés » (les magistrats donc), dit en effet Éric de Rosny (*Ibid.*), guérisseurs et sorciers appartiennent au même univers occulte ; une ambiguïté qui met les magistrats dans l'embarras et qui pourrait entraîner des condamnations injustes.

Le débat sur la distinction entre magie et sorcellerie, ou comme le disent les anglo-saxons, entre *wichcraft* et *sorcery,* reste ainsi posé, et sera examiné maintenant.

Cette différence se situe selon que l'on considère les gens qui croient en la sorcellerie ou la sorcellerie en elle-même. Si la sorcellerie (ou *wichcraft*) fait bien référence au mysticisme dans son essence, elle est considérée comme a priori bonne et synonyme de religion. Voire de magie. On est animiste. Et l'on s'adresse, subséquemment, au « sorcier » (*the witcher*), entendons précisément le sorceleur. À côté de ce terme se trouvent également ceux de *healer* pour dire guérisseur ou de *seer* signifiant voyant. *The wichcraft* est faite pour guérir de nos maux, comprendre, connaître l'avenir ou prendre conseil. De même que l'on est catholique, et que l'on peut s'adresser au prêtre, de même l'animiste peut-il s'adresser au *witcher.*

---

[22] **Ogo Seck Papa** (1994) : *L'idée de nation en Afrique*, mémoire online, Université Paris X, Doctorat, 1994, consultable sur l'URL : https://www.memoireonline.com/09/06/211/idee-nation-afrique-noire.html

Les deux réceptacles de nos angoisses étant censés, chacun en ce qui le concerne, interpréter pour nous, profanes, les choses du divin. Et guider nos pas vers plus de sagesse.

Mais la pratique peut révéler des motifs contraires à ce qui a été dit précédemment. Ainsi, *the sorcery* porte une connotation péjorative. Le terme, pourtant en français synonyme de sorcier, sert, dans le langage anglo-saxon, à désigner le « sorcier » maléfique qui utilise ses pouvoirs mystiques pour de mauvais desseins. Il est alors plus proche de ce que l'on nommera dans ce travail « sorcier ». Tandis que celui de *witcher* se rapprocherait davantage de celui que l'on nommera ici le « voyant-guérisseur » ou » tradipraticien ». *Sorcery* et *Wichcraft* s'opposent donc, comme s'opposent sorcier et voyant-guérisseur, sorcier et contre-sorcier, ou encore « mauvais » sorcier et « bon » sorcier, sans jugement de valeur aucun, mais en tenant compte des pratiques. Des desseins. En effet, la distinction porte sur des pratiques différenciées, dans l'usage des amulettes, des sorts et autres formules supposées agir sur le devenir des personnes visées.

L'ingérence étatique dans l'univers de la sorcellerie n'est pas spécifique à l'Afrique (Peter Geschiere, *Ibid.*) ; elle s'y signale cependant du fait d'une prolifération des conflits de sorcellerie entre individus. D'où l'éveil de conflits consécutifs et l'appréhension du législateur. Pour Pierre Janin et Alain Marie, (2003)[23], en effet, les univers communautaires sont animés par une logique totalitaire qui soumet l'individu au refoulement de sa dimension la plus individuelle – son individualisme. Le microcosme villageois se colore ainsi d'artéfacts de violence dans les relations les plus ordinaires, entre hommes et femmes et entre aînés et cadets. Dans la ville aux prises avec la crise économique, ce refoulement

---

[23] **Pierre Janin et Alain Marie** (2003) : Introduction au thème : violences ordinaires, violences enracinées, violences matricielles, In. *Politique africaine*, 2003/3 (n° 91), p. 5-12.,

s'estompe. Émile Durkheim (1967)[24], aurait attribué cela à une « perte de valeurs ». Un tel processus semble rendre la violence interindividuelle réciproque, l'a faire s'extérioriser et tendre à favoriser l'émergence d'un climat de violence réciproque nourrie d'affinités différenciées, entre les univers segmentaires en lutte pour le pouvoir et la richesse.

Il existe une dégénérescence des accusations de sorcellerie, en milieux urbain et rural. Une évolution rapide des conflits, à la base de vengeances privées. Des difficultés pour le magistrat à manifester la preuve des accusations portées. La sorcellerie, en définitive, ne devrait être saisie que comme idéologie, croyance. Comme un tout inséparable des acteurs (directs et indirects) et du contexte au sein desquels elle se montre [Marc Augé (*Ibid.*) ; Éric De Rosny, (*Ibid.*)].

Comment, dans une société postmoderne, en proie aux accusations de sorcellerie, amarrer ensemble tribunaux coutumier et républicain, se demande ainsi Anne Retel-Laurentin (1976)[25] ? Comment entreprendre la légitimité des uns à se défendre contre les autres (les sorciers) d'une « attaque » ? Comment faire accepter, par la conscience collective, une délocalisation des conflits culturels dans une arène judiciaire moderne ? Comment simplement définir la sorcellerie dans son concept ? Ou arriver à couper le sujet de pratiques *post-mortem* tels que le « port du cercueil » – cet interrogatoire de la « boite noire psychique » du défunt par lequel s'effectue la désignation du « coupable » présumé ? Et ainsi prévenir d'éventuelles représailles communautaires ?

---

[24] **Émile Durkheim** (1897, 2e édition, 1967) : *Le suicide. Étude de sociologie*, Paris, Les Presses universitaires de France, Collection : Bibliothèque de philosophie contemporaine, 462 pages.

[25] **Anne Retel-Laurentin** (1974) : Sorcellerie et ordalies, l'épreuve du poison en Afrique noire, essai sur le concept de négritude, Paris, Anthropos, 367 p.

II. Une difficulté dans l'approche

La problématique de la compréhension de la sorcellerie, au-delà de toute autre forme de considération, se situe à trois niveaux : définitionnel, religieux, et juridique.

2.1. Au niveau définitionnel

Les écrits provenant de l'Occident présentent généralement la sorcellerie comme cet ensemble de pratiques relevant de la magie « noire », par opposition à une magie dite « blanche », plus proche de la science ou de l'esprit scientifique.

Dans l'ethnologie africaine, la sorcellerie se veut un ensemble de pratiques qui impliquent l'usage de canaux et/ou de moyens pour la plupart d'ordre surnaturel ou métaphysique. Elle n'exclut pas les canaux matériels que sont les poisons, les recettes bactériologiques, les fétiches ou autres gris-gris. Plus large, cette acception englobe un certain état d'esprit, un spectre étendu de moyens, et de cibles (le psychisme, les pensées, les sentiments, les corps physique et « métaphysique »…), et puise ses racines dans les religions animistes d'abord, dans le syncrétisme ensuite, suite à la rencontre de l'Afrique noire avec les religions monothéistes.

En rapport avec l'approche occidento-centrée, on y voit aussi un pan, mais un pan seulement, en lien à la criminologie culturelle. Homicides par magie ou crimes rituels ne sont pas rares en effet, comme le rapportent les quotidiens abidjanais, et comme l'exprimeront sans doute également, dans cette recherche, les personnes enquêtées. Toujours est-il qu'il est commun, pour les Ivoiriens de distinguer le sorcier (*the sorcerer*), assimilable à l'adepte de la sorcellerie malveillante, du voyant-guérisseur (*the witche*), à rapprocher du tradipraticien ou guérisseur.

2.2. Au niveau religieux

Au plan religieux, la question se réfère au syncrétisme né avec les Indépendances. On peut noter une « brouille des frontières » entre pratiques animistes et celles des religions monothéistes, notamment d'origine chrétienne. De sorte que les pratiques mystiques, comme le Vaudou au Bénin, au Togo, et particulièrement aux Antilles, peuvent être qualifiées de syncrétiques. En outre, la dichotomie plus haut présentée entre sorcier (qui « attaque » sa proie) et voyant-guérisseur (qui l'a défend contre ladite attaque) traduit bien à sa manière ce syncrétisme puisqu'elle s'appuie sur l'acceptation supposée ou non par le praticien mystique des valeurs religieuses chrétiennes. Enfin il n'est pas rare, se référant aux pratiques animistes du terroir, que des prêtres ou des pasteurs, opèrent eux-mêmes sur des rites inventés de délivrance, teintés de chrétienté, des opérations de conquête d'ouailles en proie aux difficultés inhérentes à la vie moderne. Ou que certains d'entre eux s'assurent de la protection des mânes pour monter ou espérer diriger, dans un esprit entrepreneurial, une quelconque église du quartier ou du village. Comment alors distinguer entre le sorcier « oint », à la tête d'une église ou le pasteur utilisant la mystique traditionnelle pour « délivrer » les âmes prétendument perdues contre rémunération, et le sorcier ou le tradipraticien incorporant dans ses rituels des références bibliques ou même coraniques ?

Dans la quotidienneté, l'environnement professionnel – comme politique –, même chez les croyants des religions révélées, n'échappe pas à cet imbroglio ; tout y est prétexte à consolider cette sorte de pesanteur spirituelle hostile à l'éclosion de la pensée et de la réflexion rationnelles et individuelles. Dans le fond, à la fois chrétiens et animistes, donc ni l'un ni l'autre entièrement, nombre d'Africains se placent-ils peut-être en situation de victimité, au sens d'Elias Neumann (1984), face aux sorciers, puisqu'évoluant écartelés dans une enveloppe protectrice débridée et soumise à mille vents contraires.

2.3. Au niveau juridique

Dans le principe, les actions imputables aux tribunaux coutumiers n'ont pas pour objectif de punir, dégrader, humilier un individu, ou de porter atteinte au-delà du raisonnable à son intégrité. Reste que lorsqu'il y a mort d'homme, préemption de sorcellerie ayant entrainé mort d'homme ou maladie grave et invalidante supposée liée à une pratique mystique, ce tribunal coutumier, tel que constitué, en place publique le plus souvent, s'accompagne d'un déchainement de violences de la part de la partie se disant offensée ou du public jeune dans son ensemble, sans que les « sages » présents, ou même la famille du prétendu sorcier ou encore le voyant-guérisseur, ne disposent toujours d'une volonté manifeste ou de moyens physiques suffisants à opposer à cette violence.

Dès lors qu'est utilisé de la violence à l'encontre du prétendu sorcier, soit afin de lui arracher des aveux, soit dans un but punitif, il y a manifestement abus, tortures, traitements dégradants. Voire assassinat. Quelles valeurs accorder alors à des aveux extorqués dans de telles circonstances ? Et comment traiter, de manière opportune, les actes punitifs subséquents, allant parfois jusqu'au meurtre, s'ils ne s'arrêtent pas simplement aux infractions mineures comme le trouble à l'ordre public ou la dégradation ou la destruction de biens privés meubles ou immeubles ?

Dans le fond, en voulant judiciariser la criminalité culturelle, le législateur a bon droit. Ainsi, sauvegarde-t-il l'impartialité et l'objectivité du procès. Et de la sanction qu'il veut à la fois exemplaire et civilisée. Mais en a-t-il réellement les moyens ? Ou dit autrement, comment le Magistrat s'arroge-t-il la fourniture objective de la preuve de l'acte ?

L'article 205 du Code pénal ivoirien stipule qu'« Est puni d'un emprisonnement de 1 à 5 ans et d'une amende de 500.000 F à 1.000.000 F quiconque se livre à des pratiques de charlatanisme, sorcellerie ou magie susceptibles de troubler l'ordre public et de porter atteinte aux personnes et aux biens. ». Ce texte ne vise pas directement la pratique de la sorcellerie ; mais s'enquière en fait de ses effets et de ses conséquences relatives aux troubles à l'ordre public. Le substitut du Procureur de la République près le Tribunal de Divo se veut sans équivoque, quand il déclare à ce sujet que : « *L'article 205 du Code pénal ivoirien ne sanctionne pas en tant que tel les pratiques de sorcellerie, magie et charlatanisme. Celles-ci ne sont sanctionnées que lorsqu'elles sont susceptibles de troubler l'ordre public. Ce sont les effets de ces pratiques qui sont visés par la sanction.* »

L'élément de preuve est essentiellement l'aveu. Selon Joseph, un villageois interrogé, « *Le seul instrument dont disposerait le juge s'il était appelé serait l'aveu des accusés. Sans aveux, à quoi s'en tiendrait-il ? Impossible en la matière de recourir à des "experts" ! Qui peut être Expert ? La loi est muette à ce niveau.* » Mais l'aveu par détour est-il recevable quand la sorcellerie, en sus, relèverait d'une pratique non observable, non mesurable et non quantifiable du fait de son caractère immatériel ? Et comment déterminer, même lors d'aveux, les coordonnées respectives de l'auto-confession et de l'auto-affabulation, notamment quand l'on est informé des conditions d'obtention de tels aveux ?

Une autre difficulté est liée à l'espace définitionnel. Car le Code pénal ivoirien peine, sinon réfute, à distinguer entre sorcellerie, charlatanisme et magie ; pratiques confondues le plus souvent dans l'entendement général, mais néanmoins distinctes.

En s'appuyant enfin exclusivement sur l'aveu, dont a vu les conditions délétères d'obtention, et pour lequel, au plan psychologique, il ne faut s'abstenir de s'interroger sur la motivation réelle du criminel présumé (envie de se faire octroyer un statut meilleur dans la communauté, de se faire craindre et respecter), et sur l'intime conviction, il y a un risque de subjectivisation ou de « culturalisation » de la procédure judiciaire pouvant nuire aux intérêts de la partie jugée. Arguer de la nécessité de préserver l'ordre public pour servir une condamnation est souventes fois aussi un argument avancé. Mais cet argument « tartuffe » ressemble peut-être plus à un pis-aller qu'à un acte de droit.

III. Sorcellerie et anthropologie criminelle

Une question essentielle se pose : comment comprendre la pratique de la sorcellerie et les crimes qu'elle engendre en termes scientifiques ? Et subséquemment y apporter un frein ? Les théories soulevées pointent le doigt vers la nécessité de passer par une épidémiologie culturelle de l'anthropologie criminelle. Afin de comprendre au mieux l'objet d'étude, il faudra donc « pénétrer » la subjectivité des populations rurales, à partir des concepts de croyances à la sorcellerie, d'escroquerie et d'abus de confiance liés à la magie et au charlatanisme ; il faudra s'approcher des conflits liés au phénomène sorcellaire, au « terrorisme primitif », à la « piraterie psychique », aux faits d'envoûtements et aux autres d'ensorcellement.

La théorie interprétative de Marc Augé (*Ibid.*), offre l'avantage de confiner l'ensemble de ces indicateurs dans un seul moule. En Anthropologie, on n'est jamais certain, dit-il, lorsqu'on étudie un secteur de la vie ou de l'activité sociale, d'avoir défini pour autant un objet de recherche. Aussi propose-t-il, pour se détacher de l'éphémère, d'englober tous les artéfacts du phénomène vécu afin de les situer à leur juste place dans le réel. Cet argumentaire systémique sied à sa théorie. Celle-ci tient compte à la fois de la « théorie de l'action maléfique » qui se prononce sur le domaine d'action du pouvoir maléfique, sa transmission, et sa nature ; de la

« théorie de la sorcellerie » qui explique comment l'acte de sorcellerie se décèle d'abord à ses effets (faiblesse, mort lente de la victime) ; de la « théorie sociale » qui planche sur la « guerre des ombres » et ses « lois » ; et de la « théorie locale » qui, aux yeux des populations considérées, rend compte des aléas de l'existence et du malheur, des maladies et de la mort. À cette théorie interprétative d'ensemble portant sur les rapports de force entre individus, lignées et lignages, encore faut-il adjoindre la théorie de la science criminogène, laquelle prend en compte le champ émetteur du pouvoir maléfique en termes de savoir utilisable à des fins criminelles.

La délinquance astucieuse, subtile, liée à la sorcellerie est un fait. Ce qui fait de la sorcellerie une matière de la sociologie, du droit, de la psychologie, de la criminologie autant que de l'anthropologie. C'est ce que nous dit Marc Augé (*Ibid.*). Et ce que nous indique en outre la pré-enquête, est que celle-ci se manifeste de trois manières : 1) par des atteintes à la santé et/ou à la vie d'autrui en usant de recettes ou formules issues des sciences occultes ; 2) par des destructions de biens publics et/ou privés sous l'égide d'actions « terroristes » orchestrées par des sociétés secrètes criminelles ou confréries de nuisance ; 3) par un parasitisme spirituel, un vampirisme fluidique ou une piraterie psychique et d'autres formes de prédation émanant de « sorciers mangeurs d'âmes ».

La sorcellerie se distingue enfin de la magie. Cette dernière est une forme d'escroquerie. Basée sur le charlatanisme, elle correspond aux délits de faux et d'usage de faux, d'abus de confiance en matière de maraboutage et de fétichisme. Son lien avec la criminalité impose à ses adeptes de contribuer à la reléguer dans la fiction, dans l'imaginaire, pour échapper à la réaction sociale. Au contraire, les crimes de sorcellerie sont constitutifs de deux formes d'atteinte aux personnes : l'atteinte, majeure, à la vie d'un tiers par l'instrument de sciences occultes (acte qui échappe le plus souvent au contrôle social parce que difficile à prouver) ; et l'atteinte à la cohésion sociale par les conflits induits engendrant des actes vengeurs de violences, des meurtres, des assassinats, légalement répréhensibles ceux-là et substituts d'une faiblesse institutionnelle ou d'un vide juridique en la matière.

Pour que la criminologie puisse avoir une place acceptée, en Afrique noire, en Côte d'Ivoire, il lui faut aussi pouvoir réorganiser son approche de la question, la rendre efficiente. Car la gestion des délits et des crimes liés à la sorcellerie demeure problématique. À cause de la faiblesse d'un droit pénal trop longtemps tenu éloigné de l'éthos traditionnel. Et aussi parce que le milieu rural privilégie les solutions mécaniques en lieu et place de l'instruction. Trois questions urgentes se posent : 1. Quelle solution pour améliorer l'outil juridique relatif aux pratiques de sorcellerie ? Comment assister la communauté par l'éducation et la sensibilisation ? Et comment lutter contre l'indigence économique, « la mère de tous les vices » ?

IV. De nécessaires distinctions conceptuelles

Sorcellerie, magie et charlatanisme sont des notions appartenant au vaste champ de l'occultisme. La distance entre le sorcier et les autres types d'intervenants mystiques demeure cependant parfois difficile à tracer. Selon François Gresle et *al.* (1997)[26], « *Bien que la sorcellerie véhicule un lourd passé et maints préjugés, ce mot appartenant au vocabulaire technique de l'ethnologie, désigne soit un ensemble de pratiques rituelles destinées à nuire, soit les qualités ou l'activité d'un individu qualifié de "sorcier" et qui exercerait des pouvoirs maléfiques* ». Les auteurs manquent de distinguer entre charlatanisme et sorcellerie. Tout est renvoyé à une pratique englobante qui pourtant se révèle d'essences variées.

[26] **François Gresle et al.** (1997) : Dictionnaire des sciences humaines, Anthropologie/Sociologie, Nathan.

4.1. Les pratiques de sorcellerie

Prismes occidental et africain diffèrent. D'où parfois l'usage de néologismes pour réduire l'écart entre les théories et la réalité des pratiques en Afrique noire. Reste que la sorcellerie renvoie toujours à des problématiques liées à la constitution de l'être, à la vie et à l'environnement, ainsi qu'à des connaissances occultes et à des activités de sociétés secrètes criminelles.

Selon l'Encyclopédie en ligne Wikipédia, la sorcellerie désigne « ... *à proprement parler*[27]*, l'art d'interroger le sort (hasard, destin), et par extension d'en modifier le cours.* ». Le lexème « ... *désigne plus généralement la pratique d'une certaine forme de magie, dans laquelle le sorcier travaille avec des forces surnaturelles, des entités maléfiques ou non, et parfois aussi des forces naturelles connues comme celles des plantes, des cycles lunaires, des ondes, des suggestions.* » Il s'agit donc d'un ensemble de pratiques se voulant surnaturelles, anciennes, secrètes et censées être productrices de maléfices.

Dans la terminologie traditionnelle africaine, dans l'ethnologie traditionnelle Dida par exemple, la sorcellerie se conçoit autour de termes spécifiés : ce sont entre autres celui de *Gûgnon* (l'initié aux connaissances ésotériques ou occultes). Auquel s'adjoint celui de *gôzô* (sorcier « mangeur d'âmes ») et de *sékégnan* (détenteur du discernement et du pouvoir sur le démon ou les œuvres des ténèbres). De telles dénominations clivent nettement deux types d'usages des moyens surnaturels, l'un approuvé et l'autre non ; un révolver pouvant servir de moyen d'agression ou de défense. On en arrive aussi à qualifier spécifiquement de « sorcier » l'utilisateur à des fins maléfiques et de nuisance de pratiques occultes telles que des « attaques » de nature mystique dirigées

[27] Voir l'URL : https://fr.wikipedia.org/wiki/Sorcellerie, consultée le 11/10/2020 à 15 H 10.

contre un individu ou un groupe. Au contraire dans le même espace peuvent exister des « voyants-guérisseurs » dont la pratique consiste à apporter soutien et réconfort, et par des voies elles aussi surnaturelles et magiques, à « protéger » contre des menées maléfiques. « Être un sorcier » ne qualifie plus alors seulement la personne et sa pratique réprouvée, mais une conduite. Voire une personnalité. Dans la quotidienneté, celui qui suscite crainte, réprobation, qu'on estime asocial, est souventes fois aussi vu comme « méchant », égoïste. Ces qualificatifs sont incompatibles avec l'idéal de vie de l'Africain noir censé être solidaire, partageur, sociable. C'est à celui-là, plus qu'à d'autres, qu'on attribuerait aussi l'épithète d'empoisonneur ou de « sorcier ». Cela, sans pourtant qu'il ne soit réellement considéré comme tel ou ne soit un praticien de rituels maléfiques. Un sujet nous explique : « *Vous pensez que quand on parle de sorcellerie, c'est "manger l'homme" seulement la nuit ? Ce que vous faites là, c'est aussi ça la sorcellerie !* » Par ce propos, – menaçant et accusatoire – le sujet nous renvoie à un ensemble varié de comportements peut-être innocents, car tenant de la simple configuration psychique de l'intéressé, mais incriminants. Celui-là qui est ainsi stigmatisé du fait de ses conduites l'est, car, dans l'univers social africain, il démontre des prémisses ou indices de ce qui pourrait éventuellement relever d'une « personnalité » potentiellement « sorcière ».

Quant au terme de « sorcellerie », il n'est pas seulement appliqué à une pratique dans l'Afrique Noire Traditionnelle (A.N.T.) et conséquemment dans l'Afrique Noire Contemporaine (A.N.C.). Il se réfère plus globalement à l'ensemble des forces et des fluides appartenant au monde de l'invisible des religions animistes traditionnelles dans lequel des « spécialistes » ou initiés ont seuls la capacité de se déporter pour y puiser par des formules magiques apprises des modes opérationnels d'action sur le monde du vivant. Le monde métaphysique est alors semblable dans ces croyances à une « centrale » ou un Ciel siégeant au cœur de l'Univers et parallèle au monde physique et où cohabitent le bien et le mal, selon ce que l'on y cherche. Il s'agit alors d'y voir un lieu improbable, mais considéré comme réel selon les Anciens et dans lequel circuleraient les flux de connaissances expliquant la totalité des mystères de la vie et de l'univers, ainsi que les ressorts sous-tendant la manifestation des différents phénomènes, sociaux, physiques ou naturels.

Comme pratique, la sorcellerie englobe dans l'ethnologie traditionnelle, tout ce qui est lié au cannibalisme astral et/ou spirituel des « mangeurs d'âmes » ; au vampirisme fluidique, éthérique et/ou spirituel ; à l'envoûtement de haine ou d'amour par magnétisme et canaux spirituels ou par sortilèges (tels que les charmes irrésistibles et soutenus) ; au terrorisme primitif par voie spirituelle et/ou astral – œuvre criminelle de sociétés secrètes provoquant par leurs pratiques accidents, incendies, braquages, guerres, etc. ; à la piraterie psychique ou spirituelle causant infortunes, échecs, chômage programmé, troubles mentaux, céphalées aiguës et persistantes chez la victime ; aux hantises psychiques ou spirituelles à la base de cauchemars ou de phénomènes tels que les maisons hantées ; et aux empoisonnements (ordinaires, astraux, spirituels). L'ANT, dans sa cosmographie, dit I. Sow, (1977)[28], décrit un univers dominé par la paranoïa ; et dans lequel s'expriment sans cesse dans les échanges du quotidien peurs de la faute et de la punition.

Dans ce travail, on définira alors la sorcellerie comme étant :

> *Cette science occulte détenue par des individus dits sorciers ou, de façon collective, par des confréries de nuisances définies (sectes, sociétés secrètes, confréries traditionnelles, écoles initiatiques...) et appliquée à des fins malveillantes et/ou criminelles contre des*

[28] **Sow I.** (1977) : *Psychiatrie dynamique africaine*, Paris, Payot, 280 p.

individus ou des groupes d'individus dans le but de leur causer un tord.

Cela dit, comment spécifier, sur le plan conscient, l'usage de la sorcellerie ? Certains feraient de cette pratique une activité consciente et avérée. Quand d'autres seraient « possédés » par ses « forces » et ses « fluides » de manière involontaire. Cette question naguère soulevée par Georges Devereux (*Ibid.*), à trouver clarification depuis E. Pritchard (*Ibid.*). Partant du modèle de la sorcellerie Zandé en Afrique Noire, l'auteur s'est appuyé sur une distinction de la langue anglaise. Ainsi sépare-t-il *sorcery* et *witchcraft* ; deux aspects du mysticisme traditionnel indiquant chez l'un (*the sorcerer*) la pratique d'une magie expérimentale reposant sur le simple apprentissage de techniques et d'artifices (amulettes, charmes…) transmis dans un cercle initiatique de manière trans-générationnelle, et chez l'autre (*the witche*) le fait pour le sujet d'être « possédé » par un pouvoir extérieur, spécifique, de nature surnaturelle, et le forçant à agir parfois à son insu. On pourrait par exemple établir une distinction entre vampirisme inconscient et vampirisme conscient en se référant à cette dualité dans le mode d'attribution du pouvoir magique.

Par cette distinction, se pose à nouveau la question de la responsabilité individuelle dans l'infraction criminelle liée à cette pratique. Et se renouvellent encore les difficultés quand à son explication. Notamment parce que les accusations en sorcellerie, encore prégnante en A.N.C. et particulièrement en Côte d'Ivoire, peuvent donner lieu à des condamnations, au plan pénal, comme à des actes vengeurs d'une rare violence dans les campagnes de la part des familles des supposées victimes. Enfin, entre *sorcerer* et *wicher*, usant de sorcellerie de façon habituelle, s'insère adroitement une troisième catégorie ; celle du *sorcerer* occasionnel non habituellement pratiquant, qui, logé à la même enseigne que le tout-venant, ne dédaignera pourtant pas recourir – bien qu'exceptionnellement – à la magie pour se « défendre » et « contre-attaquer », lorsqu'il se sentira, lui ou un proche, en proie à une action malveillante d'envoûtement, d'ensorcellement, de nuisance, de la part d'un tiers.

En termes à la fois sociologiques et criminologiques, la sorcellerie peut alors constituer :

> *Une pratique visant à commettre des délits de l'ordre de l'occultisme par des moyens secrets tels que des sorts, charmes, poisons, fluides, ondes, énergies, du magnétisme ou d'autres formules ou recettes acquises et ce par le prisme de canaux tant physiques, bien que subtils et dissimulés, que psychiques, ou encore spirituels et/ou astraux. Sa pratique qui relève d'une criminalité occulte constitue en ce cas un acte déviant, maléfique, visant à la maîtrise du devenir d'autrui par propagation fluidique nuisible à côté d'actions physiques parfois concomitantes et entraine toutes formes de réaction sociale visant à en contrebalancer les effets ou à la prévenir.*

C'est en ce sens bien défini que nous travaillerons. Et en ce sens également que le fonctionnalisme de B. Malinowski parlait de « missiles magiques » répandus chez les peuples non occidentaux.

On a parlé plus haut de distinctions à opérer entre les différents acteurs de l'occultisme. Il y a là une nécessité opératoire : car le magistrat, face au « délit », doit trancher. Il n'a pas seulement à connaître de l'intention, avouée ou non, mais il lui faut également se fonder sur un début de matérialisation de la preuve de ses futures assertions. Or, la sorcellerie constitue au sens durkheimien une prénotion. Bien qu'il soit possible – comme cela se fait empiriquement – de distinguer le « bon » sorcier du mauvais, le sorcier reste toujours celui disposant d'une aptitude particulaire à investiguer l'invisible. À servir de passerelle entre mondes physique et non physique, indissociables dans la cosmographie noire. À attaquer ou à défendre donc. *Sorcerer* et *witcher* se situent tous deux à l'orée du droit et leurs actions restent difficilement objectivables. Face à la relativité du concept, à l'évolution même des réactions dans le temps face à la pratique, à son extrême dissémination dans l'espace (comment ainsi distinguer magies « blanche » et « noire » si ce n'est par l'évidence de contextes différenciés ?), le législateur et le patricien du droit ivoirien ont donc choisi d'adopter un concept mineur, mais opérant : celui de charlatanisme, à rapprocher de l'escroquerie.

De quoi s'agit-il ? Le charlatanisme dépend de l'usage des formules ou de recettes magiques pour tromper. La tromperie recèle une fin prévue par la loi. Sa nature est variée, car elle s'étend de l'escroquerie à la tentative de meurtre en passant par les troubles à l'ordre public et aux autres atteintes aux biens et aux personnes. Par l'évidence, et de la preuve (rites magiques pratiqués) et de ses conséquences « avérées » (nuisances à autrui), le magistrat se trouve en mesure d'appliquer une sanction – prévue par la loi (article 205 du CPI[29]) – et s'oblitère-t-il du même coup de la nécessité de démontrer l'existence d'une relation de cause à effet entre l'acte et sa conséquence.

Inscrire ainsi la sorcellerie comme délit – mais sous le judicieux couvert du charlatanisme, se laisse différemment apprécié. D'une part, il est manifeste que cela offre aux Institutions en charge du maintien de l'ordre et de l'application de la loi toute latitude de disposer d'outils appropriés à même de faire respecter l'ordre établi et de garantir la quiétude des populations. D'autre part cependant, c'est la clameur populaire et la conviction intime du magistrat qui ensemble et finalement l'emportent, niant au présumé coupable sa qualité non investiguée de victime potentielle de la charge portée à son encontre. Car, à dire vrai, la relation de cause à effet n'étant pas approuvée par une démonstration rigoureuse et

[29] **CPI** : Code pénal ivoirien.

scientifique, la conviction intime du juriste dépendra de ses opinions, idées et connaissances sur le sujet et la matière en question, ce qui ne s'appelle pas autrement que des « préjugés », lesquels en définitive le tiendront fort éloigné de ce qui, en principe, est considéré comme fondements d'un droit véritablement positif.

4.2. Du sorcier

Qui est donc le sorcier ? De tout ce qui précède, point n'est besoin de recourir à un dictionnaire pour définir ce terme. Il s'agit d'un nom commun – masculin, féminin (*sorcière, sorciers, sorcières*) – désignant une personne prétendument dotée de pouvoirs surnaturels susceptibles de servir à des fins bénéfiques ou maléfiques. Grand guérisseur du village, grand sorcier, *chaman*… ses désignations variées réitèrent qu'il fut diversement apprécié dans les sociétés, pour ses pouvoirs maléfiques, médicinaux ou de guérison. L'église chrétienne au Moyen-âge eut à le combattre durant l'Inquisition marquée de campagnes d'incriminations, de dénigrements et de violences. Pendant la période dite de la « chasse aux sorcières », des femmes soupçonnées de pratiques sataniques étaient ainsi passées par le bucher après avoir préalablement été soumises à la question dans le but de leur faire avouer leurs forfaits présumés et d'obtenir le repentir. Au plan contemporain, la « chasse aux sorcières » fait allusion à cette violente campagne de persécution anticommuniste menée aux Etats-Unis dans les années 50.

Sur le plan anthropologique, le « sorcier » en ANT, terme générique pour désigner la personne dotée de pouvoirs surnaturels, témoigne en fait d'une réalité plurielle. Car il ne faut pas oublier qu'il s'agit ici le plus souvent d'une traduction imparfaite en français de mots anciens relevant de réalités parfois distinctes des langues africaines. Or, le sorcier en vérité n'est pas un guérisseur, comme le pensait Justine Glass,

(1971)[30], qui considérait comme identiques la religion, la magie et la science. Il ne soigne pas les malades ; bien au contraire les cause. Ni ne désenvoûte ou n'exorcise. Et c'est ce que rappelle la définition proposée plus haut dans ce texte.

Ainsi dans les traditions sud-africaines, nous dit Wikipédia [31]: « *... il y a trois différents types de personnes qui pratiquent la magie. La thakatha est habituellement traduit comme la "sorcière", et est considérée comme un personnage malveillant qui pratique secrètement afin de nuire à autrui. Le sangoma est un devin, parfois un diseur de bonne aventure, dont les services sont requis pour détecter la maladie, prédire l'avenir, voire identifier le coupable d'un méfait. Il a également quelques notions de médecine. Enfin, l'inyanga est souvent traduit par le terme guérisseur (bien que de nombreux Sud-Africains remettent en cause cette traduction, puisqu'elle perpétue l'idée erronée d'un guérisseur recourant à la magie). La tâche de l'inyanga est de conjurer le mauvais sort et de fournir à ses clients les gris-gris nécessaires. Parmi ces trois personnages, la thakatha et le sangoma sont habituellement une femme, tandis que l'inyanga est presque toujours un homme.* »

Aujourd'hui se montre à voir un certain syncrétisme élargissant l'éventail des pratiques et des croyances en la sorcellerie du fait des religions révélées. Ces syncrétismes expriment également un affaiblissement et une dissolution des pratiques strictement coutumières du fait de la marchandisation de ces dernières – notamment dans les nouvelles villes africaines.

Dans la tradition Dida, en Côte d'Ivoire, le sorcier, traduction en français des lexèmes *dodo-gùgnon* ou encore *gôzê-gnon* – littéralement « connaisseurs des choses de la nuit

[30] **Justine Glass** (1971) : *La sorcellerie*, Paris, Payot, Collection Aux confins de la science, 237 p.

[31] Encyclopédie en ligne Wikipédia consultée le 13/10/2020 à 08 H 18 sur l'URL : https://fr.wikipedia.org/wiki/Sorcellerie#R%C3%A9pression

profonde » ou « homme qui voit clair la nuit » – est un terme pour désigner tout acteur faisant usage consciemment ou non de techniques et recettes de science occulte à des fins de nuisance, de sorte à en faire un élément fondamental de sa personnalité. Il s'agit d'une personne qui s'inscrit dans la sphère du mal au moyen d'imprécations, malédictions, envoûtements, jets de sorts, combat invisible, cannibalisme mystique, métamorphose d'hommes en animaux, etc..

Pour ces « mortels malheureux et redoutables », le monde de la sorcellerie et de la magie n'a d'obscurité que pour les non-initiés. Ceux ne disposant pas de « deux types d'yeux » ou encore du « troisième œil » des religions bouddhistes. Le sorcier est doté d'une double vue, lui offrant de voir la nuit derrière le jour, les choses derrière les choses, l'invisible derrière le tangible. Son monde est la nuit. Son temple l'imaginaire. Et sa vocation l'agression. Le sorcier appartient soit à une confrérie de nuisance, lieu de son initiation, soit opère en toute autonomie.

4.3. Du magicien

Il existe de saisissantes expressions au sujet de la magie. On peut en citer cinq : 1. « Faire apparaître quelqu'un par magie ». 2. « Faire magiquement sortir un lapin du chapeau ». 3. « La magie d'un paysage ». 4. « Apparaître comme par magie ». 5. « Comment fais-tu ? C'est de la magie ! » Toutes traduisent cette idée d'un art de produire à l'aide de gestes, paroles ou techniques appropriées, des phénomènes qu'un simple déterminisme ne saurait valablement expliquer, dans le but de résoudre des problèmes individuels ou collectifs de toutes sortes. La magie en ce sens serait quasiment un savoir qui permettrait par des procédés secrets et la maîtrise de forces occultes d'obtenir des effets ne relevant pas d'une explication rationnelle. En réalité, les divers usages et définitions ethnologiques de la notion reflètent plutôt les résultats produits par l'histoire des études sur les religions et le symbolisme. On s'est efforcé d'abord de situer la magie par rapport à la science ou à la religion : était-ce une forme antérieure de religion ou une « prescience » au déterminisme spécifique ?

Dans les pratiques magiques, les cognitivistes voient une expression des propriétés des affects dont elles seraient de véritables transpositions métaphoriques. Pour les structuralistes, elles seraient des pratiques rituelles particulières inscrites dans un univers intellectuel dominé par la « pensée mythique ». De là la discrimination établie entre « magie blanche » et « magie noire » ; la seconde se référant primitivement à l'évocation des démons et correspondant à une forme de magie religieuse (à cause de ses rituels), contrairement à la première qui, prenant appui sur la science, correspondrait à une « magie scientifique », en rapport à la technique donc. Cette dernière serait assimilable à la production d'effet merveilleux par des causes naturelles comme la prestidigitation, et au sens figuré par l'enchantement et la séduction.

En termes de pratiques, l'univers ivoirien contemporain a favorisé l'expression de deux formes de magies intéressant le droit pénal : la magie dans la cité (ou magie d'usage) et la magie de rue dite magie d'abus.

La première, telle que plus haut définie, fait référence à ce que l'on entend habituellement de ce terme : production à l'aide de gestes, paroles ou techniques appropriées, de phénomènes apparemment irrationnels et que seuls des praticiens confirmés du domaine peuvent connaître ou comprendre. Elle est faite de merveilles, de santé artistique, de richesse culturelle, de ruse, d'intelligence, de collaboration et d'harmonie. C'est une « magie » dite populaire, car souvent destinée à émerveiller les foules.

La seconde, par son aspect répréhensible, constitue une activité commerciale illicite, elle aussi réservée à des « initiés » et dans laquelle des individus malhonnêtes font usage en amont de faux afin d'aboutir en aval à des productions spectaculaires encore appelées « effets pervers » et dont le but est manifestement l'escroquerie de victimes naïves. Le magicien se produisant sur nos petits écrans nous étonne, nous séduit, et finalement emporte notre adhésion, car nous savons qu'il y a chez lui un « truc », un secret que seule une longue pratique permet d'acquérir. Le joueur de « Djynamory »[32] au contraire, fait appel à notre cupidité, nous incitant à braver le hasard (un hasard qui n'existe pas en vérité du fait de trucages orchestrés) dans l'espoir d'un gain immédiat et faramineux. Son dispositif de séduction ou d'attraction de victimes naïves est si bien ficelé, cohérent, subtil et organisé, qu'on ne peut, en misant une somme d'argent, que la perdre, sauf à s'y connaitre intimement. Cette forme-là de magie est synonyme d'escroquerie et d'abus de confiance. Elle intéresse le magistrat. Au contraire de la première.

4.4. Du charlatan

Le charlatanisme est une action fondée sur l'imposture et l'ignorance. Et par l'introduction de vices cachés dans le domaine de l'occultisme. Elle correspondrait au plan pénal à de l'escroquerie puisque le sujet vise à se prévaloir de manière frauduleuse du titre de guérisseur alors qu'il n'en est pas un. Ou pis, alors qu'il exerce en vérité la fonction réprouvée d'aide-sorcier ou de sorcier. Très souvent même, le charlatan, sous couvert de cette activité de guérisseur, ou d'autres telles celles de « devin » ou de « diseur de bonnes aventures », exerce une activité, bien réelle celle-là et hautement répréhensible, la vente de stupéfiants en place publique. Au sens figuré, le terme désigne tout naturellement un imposteur ou un hâbleur.

Le voyant-Guérisseurs, lui, est un type de guérisseur « doté » de pouvoirs de vision. Il use tout à la fois de

[32] ***Djynamory*** : Jeu de hasard se pratiquant aux abords des marchés ivoiriens.

médecines traditionnelles et de visions surnaturelles et peut guérir après un acte de divination. Le guérisseur à la fois voyant perçoit les causes cachées, mystérieuses d'un mal. C'est parfois un naturothérapeute (qui associe à des rites religieux et mystiques le traitement de certaines maladies et l'emploi de plantes médicinales), mais ni un charlatan, ni un sorcier.

4.5. Des usagers des sciences occultes

Parler de sciences occultes, c'est évoquer un ensemble de « sciences » et de connaissances échappant à l'explication rationnelle et réservés à un groupe d'initiés. Celles-ci se présentent sous trois aspects : la *Scientia ocultati* ou science du caché qui s'intéresse à ce qui agit sur les formes et la matière ; la *Scientia oculta*, ou science cachée, qui constitue un corpus de connaissances tenues cachées du commun et révélées aux simples en usant d'affabulations, ou en se servant de paraboles (comme dans les Évangiles) ou de symboles. ; et la *Scientia ocultans*, ou science qui cache des vérités fondamentales sous des mots (langage alchimique, ésotérisme des nombres…) ou des figures symboliques (pentacles) afin qu'en soient préservés les secrets, uniquement accessibles ceux-là par un enseignement ésotérique véritable. Le secret a alors pour vocation de protéger les confréries d'initiés d'éventuelles profanations ou persécutions.

La science occulte peut aussi se définir selon Paul Carton, (1935)[33], comme étant la science de l'invisible connu par le visible ; celle du macrocosme (de l'univers) découvert par l'étude du microcosme (de l'homme). Elle s'intéressa en cela aux causes invisibles retrouvées par l'étude de leurs effets visibles.

Paul Carton (*Ibid.*) n'y voit cependant pas un système métaphysique. Mais bien une science. Elle serait pour lui

---

[33] **Paul Carton** (1935) : *La science occulte et les sciences occultes*, Paris, Librairie Le François, 436 p.

synthétique, universelle, capable de fournir les « clés des mystères » de l'ordre général de l'univers et de renseigner sur des « lois » précises et irrévocables.

Unitive, tirant sa vitalité tant des sciences, de la philosophie que de la religion, la science occulte (au singulier) apporterait à la science matérielle la preuve tangible de l'existence de forces invisibles (phénomène du spiritisme et de la médiumnité entre autres). Et en retour trouverait sa confirmation « éclatante » des données de l'unité de l'énergie de la constitution des atomes, des phénomènes de radioactivité et de la télégraphie sans fil. Quand les sciences occultes (au pluriel) – magnétisme, astrologie, magie, alchimie, spiritisme, sorcellerie, siromantie, métapsychie, satanisme, etc. – n'en seraient que des approfondissements sectoriels.

Mais la Science occulte n'est pas la Science-fiction. Cette dernière relève de l'imaginaire. Qu'il s'agisse d'une œuvre cinématographique ou d'un genre littéraire, l'imagination y a une place prépondérante. Or parfois, la réalité dépasse la fiction. La science occulte justement, telle que l'entend Paul Carlton, (*Ibid.*), traite d'une réalité, mais d'une réalité autre, diffuse, amphibiotique, accessible seulement à certains, ce qui peut faire douter de son existence. Mais justement, les initiés – les « réservés » – préservent à dessein cette forme originale du savoir des appétits destructeurs et naturels de l'homme ordinaire, encore appelé « non-ayant droit » ou « mystifié ». L'occultisme traite, pour faire comparaison, de l'ombre de la matière qui n'existe qu'en tant que la matière est ; et plus encore, de la matière sombre, c'est-à-dire d'une forme aperceptible de la réalité dotée d'énergie et qu'on pourrait assimiler à l'ombre de nos ombres et de nos esprits réunis.

Dans ce canevas, plusieurs termes connexes apparaissent pour décrire, chacun dans sa spécialité, telle ou telle pratique issue de l'occultisme. Seules quelques-unes de ces sciences occultes seront présentées plus bas. Puisque nous ne traitons pas ici de l'occultisme en général. Nous en ferons ensuite ressortir des points saillants également importants dans la pratique sorcière. La voyance par exemple est une œuvre de recherche de savoir, (Alfred Bayiga, 1966[34]). C'est l'éveil au sens bouddhique du terme. L'action magnétique, elle, fait l'usage de fluides magnétiques par un magnétiseur censé agir à distance au moyen d'un pouvoir participant du fluide universel dont il détiendrait la maîtrise. L'envoûtement « en » et de l'ancien substantif « vout », désignerait une figure de cire à laquelle les magiciens infligeaient du mal. Par cette opération « magique » consistant le plus souvent à pratiquer sur l'image en cire d'une personne ou d'un animal qui en tient lieu, des blessures, la personne visée serait censée en ressentir elle-même les effets. Le désenvoûtement se voudrait, lui, une opération magique inverse qui débarrasserait une personne (envoûtée) de la domination ou de l'emprise nuisible qu'elle subit. Quant à la sorcellerie, on l'a dit, elle relèverait de pratiques semblables.

4.6. Autres concepts

Ici seront approchés un certain nombre de lexèmes se rapportant à des concepts et des entités en lien au travail mystique de la sorcellerie.

Dans les sciences occultes comme en sorcellerie, tout passe par l'initiation ; un rite d'illumination comportant des instillations de « collyres » secrètes dans les yeux à des intervalles fixes par l'opérateur. Ce glissement du monde visible, fermé un temps par le collyre pour se ré-ouvrir ensuite vers un univers autre, indique comment l'ouverture des yeux sur l'autre monde témoigne de la découverte de la violence comme structure de la société.

« Ouvrir les yeux », c'est s'instruire des signes, symboles, du langage et des faits et gestes qui interviennent dans la

---

[34] **Alfred Bayiga** (1966) : Réincarnation et vie mystique en Afrique Noire, Colloque de Strasbourg, 16-18 mai 1963, paris, P.U.F., 1965, In. *Revue d'Histoire et de Philosophie religieuses*, Année 1966 46-3 pp. 302-306.

pratique de la sorcellerie. L'initiation est donc indissociable de la notion de temps. Temps de l'avant et de l'après « ouverture », temps aussi comme symbole de durée nécessaire à l'apprentissage. Et ouvrir les yeux, c'est également, dans cet indescriptible labeur réservé aux plus méritants, se ramener au temps d'après le jour, celui de la nuit, de tout ce qui, parce que nocturne, relève du secret. Le temps ici n'est plus seulement un moment, mais un indicateur de lieu, celui où se déroulent les rites et activités se rapportant à la sorcellerie et à la magie africaine. Cette notion, renouvelée, embrasse le monde du mystérieux et de l'occulte dans son ensemble ainsi que les fantasmes de peur y afférents. Si on appelle ce temps « nuit », ce n'est pas simplement pour symboliser « le royaume des ténèbres », c'est également pour marquer, profondément, la barrière entre le bien et le mal. Ce temps de la nuit, le *Ndimsi* en Douala et Basaa, le *dodo* des Dida, « *C'est, dit Éric de Rosny, (Ibid.), ce qui dépasse la vue et le savoir du commun des mortels... C'est le dessous des choses, le monde des intentions secrètes et des desseins cachés. »* Autrement dit, le monde des esprits (*Mana*) ou des puissances impersonnelles qui, dans certaines croyances, donnent l'efficacité à tout ce qui agit (substance incorporelle, âme, intelligence, finesse, sens, imaginaire…).

Instrument en même temps que potentielle cible de cette transhumance dans un au-delà éphémère, l'âme est considérée comme la partie immatérielle et immortelle de l'homme, comme en étant le principe de vie, en même temps que l'entité psychique servant de condensateur au corps astral, Noemi Quid, (*Ibid.*). C'est à proprement parler la « matière sombre » de tout être vivant, ou non. L'âme est supposée dotée de caractères spécifiques à rapprocher de ceux de la matière : elle serait fluide, liquide ou gazeuse (elle pourrait donc être comprimée). Et emplie d'une énergie lui offrant la capacité de « couler », voire de » circuler », ce qui la rendrait expansive.

Toutes ces notions nous ramènent à celle de la métaphysique, concept englobant et amphibiotique lui aussi et regroupant toutes formes de sciences traitant des causes premières, des premiers principes, de ce qui échappe aux sens et est perçu par la seule raison. La raison désignant ici tout principe cohérent et logique, se suffisant à lui-même pour décrire, analyser et se prononcer sur les choses du vivant. Au sens figuré, la métaphysique désigne ainsi une théorie abstraite, difficile à saisir, mais néanmoins distincte de l'occultisme quelle dépasse et enveloppe.

Ici, les échanges avec les esprits se font par l'entremise de certaines techniques dont **les** pratiques d'ordalie : procédé judiciaire rituel qui vise, par l'application d'épreuve de résistance, à prouver l'innocence ou la culpabilité de l'accusé. Historiquement, en Europe, l'individu qui échappait vivant ou sans dommage au combat, à l'épreuve du feu ou à celle de l'eau bouillante, était considéré comme innocent. L'ordalie y fut communément pratiquée jusqu'au XIIIe siècle. En Afrique noire, dans les campagnes du Sud-ouest ivoirien par exemple, de telles pratiques perdurent encore lors des cérémonies funéraires (afin de désigner le « coupable » supposé responsable de la mort du défunt), ou après un vol quand on souhaite identifier l'indélicat.

L'ordalie reste difficile à apprécier cependant. Et même à classifier comme « instrument de justice », elle rencontre l'adhésion de nombreuses personnes. Mais reste sujette à caution, son résultat pouvant dépendre d'une manipulation ou de la volonté de la famille d'incriminer tel ou tel personnage auparavant stigmatisé ou se signalant par une forme plus ou moins prononcée de marginalité ou d'excentricité. Elle interroge en outre la conflictualité familiale. Car, à côté des personnes nanties participant largement sur le plan financier aux funérailles et à la vie de la famille, ce sont surtout celles avancées en âge, démunies, veuves, parfois sans enfant et qui représentent un poids psychologique ou matériel pour la communauté, qui sont l'objet de l'accusation. Ceci, après des épreuves évidemment au-dessus de leurs forces et l'obtention d'aveux dans des circonstances plus que discutables.

En ville, le « féticheur » se charge le plus souvent de cette pratique liée à la recherche d'aveux de culpabilité en cas de vol notamment. Sans lien aux familles qui le « consultent » (alors que le féticheur ou le tradi-thérapeute appartenait en principe à une communauté villageoise avec laquelle il partageait des liens de sang ou à tout le moins une langue, une religion animiste ainsi que des Ancêtres communs), en échange de pièces ou de billets de banque, et par le biais d'un langage importé, il travaille avec le tout-venant. Aussi se pose-t-il la question de savoir si l'on pourrait encore parler de simple pratique métaphysique ou s'il faut au contraire y voir plus précisément aujourd'hui un affaiblissement, une dégénérescence de pratiques coutumières de la part de personnes elles aussi en quête d'emploi et qui par ce biais, réunissent plus ou moins légitimement leur intégration professionnelle urbaine ?

Quoi qu'il en soit sont utilisés des fétiches. Du portugais *fettico*, le fétiche renvoie à un objet enchanté, un talisman, une amulette. *Fettico* lui-même serait dérivé du latin *factitium*, objet fabriqué, artificiel. C'est donc un objet fabriqué ou du moins transformé par l'homme et auquel on attribue une force occulte de protection ou d'agression, de bienfaisance ou d'activités malfaisantes ; ainsi, une dent de léopard suspendue au cou, une ficelle ou une rangée de perles autour des reins, des statuettes d'Ancêtres ou d'animaux à caractère religieux, serviraient à protéger des maléfices.

Les « sciences du monde autre » font également appel aux génies. Il s'agit, pour la croyance populaire, d'êtres personnels qui n'eurent jamais un statut d'hommes sur la terre et habitent les lieux naturels : fleuves, mers, forêts, rochers, carrefours... Le langage populaire décrit les génies sous des traits humains et leur attribue des pouvoirs bénéfiques ou maléfiques utilisés pour agir sur le monde visible. À y voir, on ne saurait les distinguer de leur équivalent dans la culture occidentale que sont les anges et lutins. Et dont la reviviscence contemporaine a fait les « extraterrestres ». Reste que les génies seraient exclusivement terrestres, et les anges célestes ; les extraterrestres provenant par l'imagination féconde des auteurs de sciences fiction d'autres planètes que la terre.

Différent des entités citées juste au-dessus, le fantôme serait une créature surnaturelle, voire une vision interprétée comme manifestation de l'esprit d'un mort resté prisonnier sur terre ou revenu de l'au-delà. Un tel retour serait diversement interprété : il pourrait s'agir pour le fantôme, soit d'être mû par le désir d'accomplir une vengeance ou d'aider des proches, soit, du fait de mauvaises actions passées, d'être contraint à une errance éternelle.

Les fantômes, dont le nom est à rapprocher étymologiquement de *φάντασμα* (*fantasme*), et *φάντασις* (*fantaisie*), respectivement « apparition » et « vision » en grec, sont identifiés par une variété d'appellations : spectres, revenants, incubes, succubes, ectoplasmes ou poltergeists. Différentes étymologies donc, mais qui toutes traduisent sa nature de créature immatérielle. Dans cette acception, relève Claude Lecouteux, (1988)[35], les fantômes, des morts à l'origine bien vivants si l'on peut dire, avaient une matérialité indéniable : les sagas islandaises, avec leurs défunts qui reviennent pour faire un bon repas en sont un exemple. Mais « *... avec le temps et surtout le contrôle religieux la présence des morts devint insupportable ; l'invention du purgatoire avait d'ailleurs été un des moyens de les discipliner. Elle permettait d'assigner un lieu fixe à ces âmes errantes. C'est aussi pourquoi les revenants furent de plus en plus identifiés à des visions, des apparitions, et leur caractère matériel s'effaça peu à peu. Des théologiens comme Saint Augustin ont*

---

[35] **Claude Lecouteux** (1988) : *Fantômes et revenants au Moyen-âge*, Paris, Imago, 272 p.

contribué à cette dématérialisation du fantôme, finalement assimilé à une illusion ; derrière, bien sûr, il y avait l'intervention du Malin. », Marc Wittmann (2011)[36].

Des tentatives ont bien été menées afin de prouver la réalité de tels êtres. Aucune preuve convaincante n'en a à ce jour démontré l'existence. Les techniques modernes d'investigation scientifique (comme les caméras à infrarouge) semblent avoir quelque peu décimé ces prétentions. Mais leur réalité psychique par contre intéresse toujours la psychologie et la psychiatrie. Sont-ce des images eidétiques (images d'un souvenir revenu à la mémoire sous forme hallucinatoire), des résultats de troubles du sommeil… ? Ou encore comme le laisseraient supposer les écrits de Carl Gustav Jung, (2018)[37], des reliquats de l'Inconscient collectif ? Cet auteur, précurseur de l'éco-psychologie, et qui a exploré des secteurs aussi variés que l'alchimie et l'anthropologie, a en effet toujours voulu percevoir une forme de connexion des humains avec la nature. On lui doit cette « théorie » de la psycho-généalogie voulant que soit désigné par fantôme un élément psychique enfoui dans la psyché et se transmettant aux générations successives sous forme de maux, maladies ou accidents, Nicholas Abraham et Maria Török, (2009)[38].

Quant aux exorcistes, enfin, qui conjurent, chassent les démons par les prières spéciales et rituels, il s'agirait d'initiés à la connaissance des choses échappant à l'explication rationnelle. Parfois pasteurs, prêtres catholiques ou plus traditionnellement voyants animistes, leurs pratiques seraient toutes fondées sur le besoin de protection éprouvé et exprimé

---

[36] **Marc Wittmann** (2011) : *Top Secret Révélation d'un Univers étonnant.* 1re partie, Editeur Lulu [en ligne], 440 p. Voir aussi le blog CCrEaTuReS consulté le 14 octobre 2020 à 09 H 27 et disponible sur l'URL : https://ccreatures.skyrock.com/profil/

[37] **Carl Gustav Jung** (2018) : *L'analyse des visions : le séminaire de 1930-1934*, Paris, Imago, 1400 p.

[38] **Nicolas Abraham et Maria Török** (2009) : *L'écorce et le noyau*, Paris, Flammarion, Collection Champs essais n° 353, 494 p.

par l'homme en prise avec des forces mystérieuses supposées maléfiques. Mystiques par leurs actions de guérison, en quête d'absolu dans leur lutte contre le mal, il faut aussi voir en eux des médiums, du fait d'une prétendue faculté à « percevoir » au-delà des choses des éléments de connaissances, et en un sens plus restreint le message des esprits.

Dans le fond, qu'entendons-nous par « besoin de protection », si ce n'est que l'on se réfère à la maladie, à la peur de sa survenue ou à une quête de guérison ? L'ethnopsychiatrie de Georg Devereux (*Ibid.*), nous l'a montré ; le soin désincarné ne suffit pas toujours, encore faut-il y ajouter une nécessaire appréhension par le malade lui-même du système de soins à lui prodigué. Comment penser guérir un schizophrène, par le « médicament » du médecin à la « blouse blanche », quand et lui et sa famille se réfèrent à une entité maléfique – externe – comme cause du mal profond ? Si dans toutes les traditions, le mot « maladie » est connu ou existe, a-t-il partout un sens identique ?

Et par quel prisme est-il décrypté ? Au plan religieux (quoique soient très variables les cultures et les religions), se retrouve l'idée de possession. Qui possède si ce n'est l'esprit du mal ? L'insensé, le lunatique du Nouveau Testament, font ainsi référence à l'imprécision morale d'une vie vénale et d'abondons que Dieu punit en permettant la capture de l'esprit par les Démons. Moins que le soin médicinal, c'est par l'acte de repentance primordial que Jésus obtient du Père la délivrance du supposé pêcheur.

Cette approche est tout autant africaine. La maladie, synonyme d'un affaiblissement de l'organisme et/ou d'une atteinte au principe vital, répond alternativement de soins par les plantes pour la moins grave, et de consultations du guérisseur ou du tradi-praticien pour les cas complexes. L'adjectif « complexe » faisant ici référence autant à une pathologie grave comme la « folie » ou à une chronicité de troubles mêmes peu graves. C'est donc l'âme et l'immatériel qui sont investigués ; ces lieux où seraient introduits par le sorcier ces germes portant atteinte à l'équilibre du corps et de l'esprit. Et c'est donc par une sorte de soins systémiques, englobant tant les membres des familles soupçonnés pour certains de collusion avec le sorcier que les Ancêtres fâchés peut-être d'irrévérences répétées à leur endroit, qu'il faut procéder.

Pour dire « *je suis malade* », le Dida dit : « *Gouh mlan* » – le mal me frappe – et il distingue plusieurs types de maladies que sont la maladie naturelle (provoquée par les virus ou les bactéries), la maladie de la vieillesse, la maladie des soucis – « N'gassi » – et la maladie infligée par sorcellerie (qui occasionne des morts absurdes et suspectes et dont il convient d'originiser la cause). « *L'on suspecte là où il convient de suspecter* », dit l'adage populaire ivoirien, la sorcellerie n'étant en principe pas la cause de tout mal.

L'Ivoirien, l'Africain de l'ouest en général, est sans cesse confronté à la maladie et à la mort. Pour diverses raisons comme l'évolution des connaissances médicales, l'augmentation du taux de natalité et de l'immigration, l'afflux de populations dans les viles, les pandémies et autres « maladies du développement » telles que le stress et l'hypertension artérielle et les phénomènes d'acculturation et de mutation sociale, Ces dernières se caractérisent par des changements débutés depuis les Indépendances dans le droit de la famille, la fin de la territorialisation, l'inversement des pôles d'autorité en rapport aux revenus, l'absence des parents occupés la journée loin des enfants pour des raisons professionnelles, l'apparition de nouveaux modes de consommation, ainsi que de produits manufacturés présents dans las vitrines, mais auxquels une jeunesse de plus en plus nombreuse ne peut avoir accès, les perte de repère, etc.

Aujourd'hui existent de nouveaux types d'organisation familiale dans l'espace ivoirien, ni traditionnel ni occidental, où les lignages s'ouvrent à des membres non forcément biologiquement liés au Chef de famille. Mais il faut ajouter que dans une certaine mesure, l'ethnie, la tribu et les rites en lien à l'appartenance villageoise et/ou régionale demeurent prégnants. Ainsi en est-il de la mort, laquelle continue de rassembler, lors de funérailles importantes, les membres disséminées de la « famille », alliés et amis y compris, souvent venus de très loin. Selon Kouassi Kouakou, (2005)[39], « … *l'ampleur des funérailles publiques rendues aux morts… est une manière de rendre hommage à ceux qui partent et laisse croire que dans les pensées des Africains la mort est toujours une réalité existentielle et complexe.* »

Dans un esprit synthétique, distinguons entre deux types de mort. Le terme Dida de *Kouyra* désigne la demi-mort du sommeil naturel ou plus souvent encore le comma que l'on confond parfois à la vraie mort ; puis la mort elle-même, c'est-à-dire à la fin de la vie physique, une fin se rapportant à un départ, à une rupture synonyme de continuité, ainsi que le chante Birago Diop (1960)[40] :

Ceux qui sont morts ne sont jamais partis
Ils sont dans l'ombre qui s'éclaire
Et dans l'ombre qui s'épaissit,
Les morts ne sont pas sous la terre
Ils sont dans l'arbre qui frémit,
Ils sont dans le bois qui gémit,
Ils sont dans l'eau qui coule, Ils sont dans la case, ils sont dans la foule
Les morts ne sont pas morts

Chez bien des peuples, les morts protègent les vivants ; ils leur font des révélations, et les représentent dans l'ordre de

[39] **Kouassi Kouakou** (2005) : La mort en Afrique : entre tradition et modernité, **In.** *Études sur la mort*, 2005/2 (n° 128), p. 145-149

[40] **Birago Diop** (1960) : Le souffle des ancêtres, in *Leurres et lueurs, Recueil de poèmes*, Paris, Ed. Présence Africaine.

l'immatériel. Ce sont eux qui aident à découvrir la vérité ainsi qu'à établir la justice et le pouvoir. Le décès ne traduit pas non plus toujours le malheur ; c'est un changement de nature d'ailleurs souventes fois l'occasion de retrouvailles à travers les funérailles, de profit parfois, et également.de règlements de litiges.

Il y'a malheur, pourtant, quand un soutien familial important passe de vie à trépas, où qu'un décès éveille des soupçons de sorcellerie liés à des jalousies, des rancunes ou des haines non éteintes. Le malheur apparait plus généralement – avec son effet pervers : la recherche de « coupables » – quand une maladie chronique s'installe, inexplicablement, et que les codes traditionnels ne parviennent à juguler ces autres aléas de l'existence que sont la perte d'emploi ou le décès de personnes enviées pour leur beauté, leur notoriété ou leur statut professionnel. La douleur est si forte alors qu'elle peut inciter à la révolte, à la vengeance (privée pour la plupart du temps).

Ce type d'attitude, à relier en Afrique noire à une conception exogène du trouble et du malheur, est aussi symptomatique d'une acception de l'espace comme entité non fermée, alliant systèmes physique et immatériel dans un cosmos englobant. Sur terre ou dans l'au-delà, du fond d'une case ou d'un tombeau, notre esprit se donne toujours à voir comme vivant et présent dans le vivant. Il nous parle. Et seuls entendent son souffle vertueux les initiés, et parmi eux les sorciers.

V. Décès et accusations en sorcellerie

L'accusation en sorcellerie se prononce à l'issue de deux procédures d'enquête : celle menée par le voyant-guérisseur qui « interroge » le cercueil du mort ; celle du voyant-guérisseur toujours, après « consultations mystiques » ; les deux pouvant être complémentaires, et la première se produire sans médiateur, *per viam naturalis* au milieu de la foule rassemblée.

L'interrogatoire du cadavre se présente comme une phase décisive des funérailles chez les Dida. Mais bien avant d'aborder cet aspect du problème, décrivons avec certains enquêtés, ce à quoi l'on peut s'attendre au sujet des funérailles dans la région de Divo et de Lakota, dite du Sud-Bandama.

Quoi de plus explicite, pour aborder la question des funérailles en pays Dida, que de rapporter, *in extenso*, les propos d'un sage de village, en l'occurrence ici, ceux de M. Beugré Dadié de Grémian, village de la commune de Divo ?

> *« Chez nous les Dida, dit-il, les funérailles demeurent une préoccupation majeure des populations, à l'image de ce qui se passe chez les Bété, un peuple voisin. Elles constituent un moment de grande tristesse marqué de solennité. » Et de poursuivre : « Le défunt a désormais deux vies. En même temps qu'il rejoint les ancêtres au pays des morts ou dans l'au-delà, il reste présent en esprit parmi les vivants. La preuve, selon les anciens, l'esprit du mort a sûrement une influence sur le fonctionnement de la société des hommes. C'est pourquoi d'ailleurs, il est régulièrement consulté ou invoqué au cours des cérémonies rituelles quand il est vraiment impérieux de prendre des décisions graves. Et c'est justement pourquoi l'inhumation n'est pas un simple adieu, mais un au revoir.*
>
> *Lorsque quelqu'un décède dans un village, toutes les populations de la contrée se sentent concernées. C'est une occasion de grande solidarité : de façon spontanée, chacun apporte à la famille ou au village endeuillé des pots de*

"bangui"[41] *et de "koutoukou"*[42] *ainsi que des plats d'attiéké*[43]*. C'est une façon pour tous de compatir à la douleur et aussi d'apporter à la famille une aide devant servir à la réception des "étrangers", notamment les beaux-parents et les amis venus parfois de très loin. L'amour du prochain étant chez nous un crédo, tout est donc mis en œuvre pour faire des funérailles de celui avec qui l'on a vécu ensemble et qui s'en va, un moment solennel de partage et d'amour. Au plan coutumier, les funérailles constituent alors et également un moment dont l'on profite afin de régler tous les éventuels malentendus passés qui entraveraient la bonne marche de la famille. ».*

Il importe, à ce niveau, et avant que d'aborder la question sorcellaire liée aux décès, de distinguer les différentes configurations du deuil, en pays Dida. Pris globalement, sept cas peuvent être principalement distingués.

On peut exciper du cas du décès d'un vieillard. Ses funérailles devront être marquées du sceau de réjouissances populaires ; l'on considère en effet que la personne a longuement vécu, et que, « rassasiée de jours », elle regagne, heureuse, les Ancêtres. Au cours de ses funérailles, appelés *mangbo*, les autres personnes de la même génération que le défunt seront alors en première ligne dans l'organisation des cérémonies. Une procession de personnes âgées se déroulera à travers les rues du village, qui, chantant et dansant, imiteront à travers leurs propos et mouvements, les faits et gestes de l'illustre disparu. Certains même déclameront des poèmes, quand d'autres encore improviseront des sketches à sa mémoire. Si par exemple le disparu était un chasseur, des

[41] Le *bangui* est une boisson alcoolisée traditionnelle issue du palmier à huile. On le nomme également « vin de palme ».

[42] Le *koutoukou* est une liqueur alcoolisée traditionnelle

[43] « Attiéké » : Plat traditionnel ivoirien fait à partir du manioc.

adultes, munis de filets de chasse et de fusils traditionnels, mimeront alors une partie de chasse sur la place publique du village. De vieilles femmes se vêtiront même à l'occasion de tenue masculine, ou guerrière, pour magnifier la virilité et le courage de l'homme. Les hommes, eux, arboreront à leur tour des habits de femmes comme pour indiquer l'importance de ses conquêtes féminines. Tout donc sera fait, à cette occasion, pour chanter le personnage disparu et l'aider à traverser sans regret le fleuve du non-retour. Plus tard, on dira de lui qu'il eut « une belle mort », entendons de belles funérailles au cours desquelles, en plus des réjouissances, les Dieux de la longévité furent longuement applaudis et dignement implorés.

Les funérailles sont également l'occasion pour les anciens d'enseigner aux jeunes générations leur histoire et leur tradition. Ainsi, avant l'enterrement proprement dit, sous l'arbre à palabres, les sages se livreront-ils à des parties de jeux de société des temps anciens. Et diront des contes. Ils rappelleront aux plus jeunes les us et coutumes de la tribu, évoqueront également les grandes époques de l'histoire de celle-ci, et, avec parfois beaucoup de passion, feront l'apologie de ses figures emblématiques. Car il importe en effet de transmettre les modèles positifs qui inspireront l'avenir.

Sur la place publique, la simulation de la chasse laissera ensuite place à une danse nommée *attêpklê* : danse exécutée uniquement lors des grandes cérémonies. Les hommes noueront à cette occasion des morceaux de pagne autour de la poitrine et esquisseront des pas de danse au rythme de messages transmis par les battements du « tam-tam parleur ». La veille de l'inhumation, sous l'apatam[44] principal du

[44] **Apatam** : D'un mot éwé, peut-être dérivé du portugais *patamar* (« palier, perron », l'apatam, en Afrique de l'Ouest, désigne une construction légère formée d'un toit fait de végétaux soutenu par des piquets. Voir à ce sujet le dictionnaire en ligne Wikipédia sur le lien :
http : https://fr.wiktionary.org/wiki/apatam

village, et durant la nuit, de vieilles femmes, parolières ou griottes, psalmodieront, elles, des chansons funèbres telles le *tapka*, le *dôgblô* ou encore l'*agbadahoun*. Elles feront à certains moments la ronde autour du lit mortuaire, et leur rythme sera assuré par des baguettes de bambou tapées l'une contre l'autre par des « percussionnistes » d'un certain âge. Ces chants portent sens ; il s'agit en effet d'implorer les Ancêtres de la tribu afin qu'ils acceptent de réserver à l'illustre disparu un bon accueil, là-bas, dans le pays des morts, et qu'ils veillent sur l'âme et l'esprit de ceux qui demeurent encore ici-bas.

Concernant le décès de l'adulte ou du chef de famille, il constitue, autant que celui d'un chef de village, une occasion de grande cérémonie. Après l'annonce du décès par le conseil de famille, ce, par l'entremise du *toutoupka* ou tam-tam parleur, les autres chefs de famille et de village arrivent pour présenter leurs condoléances ; et vite, on procède à l'inhumation du corps de l'illustre disparu. Mais avant l'acte, les enfants ou petits-enfants, n'ayant pas droit d'assister à l'inhumation, précèdent le cortège funèbre au cimetière, font le tour du tombeau quatre fois et retournent au village. Après l'enterrement, on décide alors d'organiser dans un an, les funérailles proprement dites. Il faut en effet un certain temps pour que l'on puisse s'accorder sur les modalités d'organisation des funérailles, trouver les moyens nécessaires afin d'assurer à cette importante cérémonie tout son éclat. La plupart du temps, celle-ci se déroulera à la période de la récolte des produits agricoles. Alors, un mois avant, le *toutoupka* est-il encore tapé en guise de rappel. Et une semaine avant, sont dressés ci et là des apatams, sortes d'auvents faits de rameaux, comme sont abattus de nombreux palmiers pour en extraire le *bandji* ou *bangui*. Ici, on ne pleure plus. Les cris de pleurs des premiers jours du décès cèdent la place à de grandes manifestations de réjouissance populaires.

Sous l'apatam principal, l'on procèdera alors à la remise de dons en nature et en espèces à la famille éplorée. Le dernier jour des funérailles, appelé *zoukpôgalayélé*, la *kouzrouhonon* ou veuve, offrira aux *lôpkôwènè* (les cousines, tantes ou sœurs du défunt), un repas copieux nommé *kouzrougné* ou repas de la veuve. Les *lôpkôwènè* peuvent cependant refuser de le manger si, durant la vie terrestre du défunt, il leur a semblé que la veuve n'ait pas suffisamment fait preuve de gentillesse ou d'égards à leur endroit. Ou encore si elle a été reconnue coupable d'adultère. À ce moment, une amende en nature (composée de pagnes Kita, de boissons fortes, de cabris… et de numéraires) lui est infligée en vue de ramener la concorde. On lave alors la veuve, au sens propre comme au figuré, de tout pêché, on l'a bénie ; et ainsi lui offre-t-on les meilleurs auspices d'un futur et éventuel avenir conjugal qui devrait idéalement se construire au sein de la même famille. Car les funérailles sont également, tout le monde étant rassemblé, l'occasion d'aborder la délicate question de l'héritage, dont font partie intégrante la veuve et ses enfants. À cette occasion, le grand frère du défunt, son petit frère si ce dernier se trouve plus âgé que la veuve, ou encore un cousin du défunt, sera proposé en mariage à la veuve. Celle-ci, très librement, pourra accéder à la proposition, ou simplement la refuser. Si elle l'agrée, et donc « reste dans la famille », son nouvel époux prendra alors évidemment à sa charge les enfants issus de sa première couche. Reste que les relations sexuelles entre nouveaux époux ne sont pas chose obligée ; le mari succédant pouvant n'avoir à cœur que l'honorabilité d'une femme à qui, très complaisamment, il offre ainsi le statut envié de « femme mariée » et un subside pour elle et ses enfants, ses neveux. Si par contre c'est la femme qui venait à mourir la première, sans avoir été dotée[45] de son vivant, le veuf, par obligation, paiera la dote à sa belle-famille, mais à titre posthume. Il fera cela

---

[45] La **dote** est la cérémonie traditionnelle marquant le lien de conjugalité chez tous les peuples de la Côte d'Ivoire.

avant que ne puissent être organisés les funérailles et l'enterrement dans le village paternel[46] de la défunte.

Durant le *kouzrou* ou veuvage qui dure huit à douze mois, le veuf ou la veuve se vêt ordinairement d'habits noirs. À son terme est ensuite organisée une cérémonie appelée *owrègnouni*[47]. Marquée par un festin et débutant par le fait de se laver vigoureusement les mains comme pour se purifier et rejeter loin le mauvais sort, celle-ci est l'occasion pour le veuf, si c'est la femme qui est décédée avant son conjoint, de remettre les ustensiles de cuisine de son ex-épouse à la belle famille, afin de tourner la page.

Si c'est une veuve qui décède dans la misère, dans une sorte d'indifférence ou sans apparemment avoir bénéficié de soutien financier suffisant de la part de son mari ou de sa belle-famille pour assurer ses soins médicaux, ses oncles maternels, mécontents, peuvent prendre la décision de l'enterrer dans son village natal. Les parents de l'ex-époux devront en ce cas et préalablement s'acquitter d'une amende afin de compenser le préjudice et ramener la paix entre les familles.

Parfois, à la suite d'un décès, une personne peut s'en voir attribuer la responsabilité. Notamment en cas d'assassinat supposé par coups de machette, de fusil ou par d'autres moyens. La personne désignée comme étant responsable de ce décès devra alors également s'acquitter d'une amende, le *koukpa*. Celle-ci se constitue généralement et également de dons en cabris, en pagnes Kita, en liqueurs et en numéraires. Comme pour tout décès « ordinaire », il s'agit toujours dans un premier temps de ramener la paix, puis secondairement d'organiser des funérailles dignes qui puissent permettre de rendre hommage à l'homme assassiné ; celles-ci se déroulent la plupart du temps une semaine après le décès.

---

[46] La société Dida est organisée sur le modèle patrilinéaire.

[47] Le mot ***owrègnouni*** signifie littéralement : homme ou femme qui sort de l'eau.

Par contre, quand décède un bébé, il en va tout autrement. Un tel malheur est vécu comme une calamité qu'il faut vite oublier afin que la vie reprenne ses droits ; et afin que les esprits mauvais l'ayant occasionnée s'éloignent au plus tôt de la famille. Pour ces raisons, il n'y a pas de funérailles organisées. Un simple enterrement aux encablures de la cour familiale, à la tombée du jour, et dans la plus stricte intimité, souvent même hors de la présence de la mère affligée, suffit, le jour même du décès. Et si le bébé est le premier de la famille qui s'en va, c'est celui qui a été au moins une fois victime d'un tel drame qui porte le corps, enveloppé dans un morceau de pagne de la maison. Le géniteur sinon s'en charge. Dans les deux cas, c'est à lui que revient la charge de le mettre en terre. Les parents attendront ensuite quatre jours, avant de lever le deuil. Quatre jours durant lesquels, assis sur une natte dans la chambre conjugale ou dans un coin du salon, ils ne devront serrer la main à personne, afin d'annihiler tout risque de transmission de l'esprit de mort aux autres enfants de la famille et de la tribu.

Lorsqu'il s'agit du décès d'un bébé jumeau, enfant qui, chez les Dida, représente un être particulier, on emballe le corps dans un morceau de tissu blanc, avant un enterrement qui se déroulera aussi rapidement que celui décrit précédemment. À la différence que sur la pierre tombale, l'on prendra soin de déposer une gerbe de *bobla*, herbe dite d'alliance et de paix. Et que les vieilles femmes de la famille badigeonnent l'autre petit encore vivant de kaolin[48] et lui feront boire un ragoût spécial, le *gozohoun*, fait à base d'huile de palme rouge, d'ignames, d'œufs et de légumes, à l'effet de fortifier son âme et son esprit.

---

[48] Le **kaolin** est de l'argile blanche, réfractaire et friable, contenant de la kaolinite, très utilisée dans les villages ivoiriens comme poudre rituelle, poudre pour les bébés malades, ou qui est parfois consommée en faible quantité par certaines femmes enceintes. Il chasserait les esprits mauvais.

S'il s'avérait enfin que quelqu'un meurt par noyade en pays Dida, des funérailles seraient organisées dans le mois de la survenue du décès, comme pour tout autre décès. Seulement, le corps, dès qu'il est repêché, sera immédiatement enterré au bord de l'eau qui l'a vu disparaitre. Il s'agit là d'une tradition qu'on retrouve également chez les peuples lagunaires de Côte d'Ivoire. Le corps est enterré aux encablures du bord de l'eau, propriété qu'il est devenu des esprits aquatiques. Les funérailles ont lieu ensuite, selon les délais prescrits, au village, mais sans la dépouille mortuaire. Ainsi, pense-t-on, l'esprit aqueux maléfique, agent de la mort, restera-t-il loin, et ne sera-t-il ramené sur la terre ferme, au village, là où vivent les hommes.

Après cet exposé des faits inhérents aux funérailles dites « ordinaires », le cas des décès supposément liés à des actes de sorcellerie sera examiné maintenant. L'approche ethnographique, délibérément choisie, nous aura permis d'en explorer les étapes et les accrocs. D'en saisir l'essence, ainsi que d'en révéler la problématique liée aux conflits qu'engendrent les décès dans la contrée.

Il faut préalablement distinguer, au plan coutumier, les décès dont la charge se défait naturellement, par la simple observance des traditions et des us visant à la protection et à la sauvegarde de la paix et de la concorde, et ceux dont l'impact collectif s'avère si grand, que par l'effet de la colère collective engendrée, il est possible d'avancer que se crée un climat délétère propice à toutes formes d'exagérations et d'expressions de conduites violentes manifestes. Dans le premier cas, en cas de doute sur les circonstances du décès, la violence symbolique qui s'exprime se fait par une réprobation que traduisent de longues palabres et des amendes élevées, parfois exorbitantes, amenant la famille du présumé coupable à négocier âprement quelques réductions finalement consenties, à perdre la face donc.

Dans le cas second, il en va autrement. Lors de décès formellement attribués à la sorcellerie, l'on assiste, avant les cérémonies précitées, à des scènes d'interrogatoire du mort ou d'exorcisme. « *On sait que tout décès est l'aboutissement de toute vie. Mais on sait aussi que les morts se succèdent, mais ne se ressemblent pas.* », nous dit un voyant. « *On ne pleure pas sans raison.* », ajoute-t-il.

Ces appréciations tirent souvent leurs prémisses du statut social de la victime et de la soudaineté du décès. Les deux extraits qui suivent le démontrent.

Selon le jeune Clotaire Z. de Dagrome, dans la sous-préfecture de Divo : « *Souvent, c'est la manière dont certains meurent qui intrigue. Il y'a des morts brutales qui frappent le principal soutien familial, ou un homme en vue du village. Ces morts-là choquent et interrogent.* » « *Pourtant, si c'est un homme ordinaire, ou un parmi les plus pauvres de la famille qui meure, même brusquement, personne ne s'en offusque, même si un sorcier semble l'avoir "» mangé" ».* », précise encore Madame Walo dite Tantie Jeannine, du village d'Agbaou, de la sous-préfecture de Divo toujours.

Ces appréciations tiennent aussi du degré de colère induit parmi les jeunes du village suite à un décès jugé suspect. D'autres extraits sont amenés ici afin d'expliquer la grande portée de ce facteur.

Selon un vieil instituteur originaire de la région : « *Le doute que le décès occasionne dans l'esprit des uns et des autres, le fait que chacun soit grandement peiné, et intrigué, suscite parfois une colère sourde parmi les jeunes, qui soudainement éclate pour se faire émeute ; la foule réclame alors un coupable – quelqu'un à châtier – et le voyant-guérisseur n'a d'autre choix dans ce cas que de le lui fournir.* »

Ces propos sont confirmés par le chef « Pablo » du village de Lagazé, à Divo encore *: « Toute la jeunesse du village peut se trouver en ébullition. Souvent alors, ils interdissent aux* *frères et sœurs d'aller voir le corps à la morgue pour s'y recueillir. Une manière de marquer leurs soupçons à l'égard de ces derniers. Certains groupes vont même jusqu'à donner des "» instructions" » sévères aux agents de la morgue, quant à éventuelles visites en ces lieux des parents du défunt. Par là, ils s'arrogent indument, mais par la force ou la menace, une sorte de propriété sur un corps, qui pourtant ne leur appartient pas. Ils ne font cependant pas cela par méchanceté, par désir de vengeance, mais, conformément à la tradition, pour exprimer leur peine, et afin, pensent-ils, de préserver ce qui reste du disparu des effets mystiques pervers qui découleraient pour lui de sa mise en contact direct avec son éventuel meurtrier.* »

Les morts ne sont pas morts ! Le voyant Akadji explique : « *Les jeunes du village prennent toutes les précautions possibles afin d'empêcher que des gens viennent toucher au corps ; car il y'a des gens qui viennent avec des recettes magiques visant à neutraliser le mort, à l'empêcher donc de révéler l'identité de ses bourreaux.* »

Son confrère, Ahipo, se veut encore plus explicite : « *Quand s'exacerbe la tension, même les ascendants directs du défunt, et ses descendants, peuvent se voir empêchés d'approcher la dépouille pour se recueillir. La suspicion, l'aveuglement s'abat sur tous. Et tout geste, toute parole ou mimique, tout regard même, donne lieu à interprétation. À dessein, car dans l'entendement général, cette pression fera son effet ; immanquablement, le coupable, celui que l'on recherche, finira par perdre sa sérénité et dans la panique, accomplira quelque geste malheureux qui le fera dévoiler : il aura du mal à manifester en public un chagrin qu'en vérité il n'éprouve pas ; voudra s'enfuir du village au prétexte d'une quelconque coures à effectuer en urgence ; se terrera chez lui sous l'effet de la peur, ou simplement, n'en pouvant plus, avouera malgré lui son forfait. En vérité, toutes ces échappatoires, chacun le sait, et le voyant-guérisseur en premier, viseraient comme but ultime à lui permettre d'échapper à la terrible cérémonie publique de désignation du meurtrier au cours des funérailles.* »

Écoutons un jeune du nom de Pipo Dobla, témoin dit-il d'une telle situation, nous conter ce qui advient alors : « *Le jour du transfert du corps pour inhumation au village, nous les jeunes allons intercepter le corbillard à un ou parfois trois kilomètres du village. Nous transportons ensuite à bras d'homme le cercueil, le corbillard continuant à vide. Le conducteur du corbillard nous attendra, lui, au village, afin que lui soit remis par nos soins un poulet (une somme d'argent symbolique), en remerciement de sa mansuétude à notre égard. Le sorcier, se doutant de cette manœuvre – il lui faut absolument toucher de sa main le corps pour neutraliser la capacité du défunt à désigner son meurtrier – n'a alors d'autre choix que de patienter chez lui dans l'inquiétude. Sera-t-il découvert, se demande-t-il ? Quand enfin arrive la dépouille au village, le cercueil est seulement porté par les neveux du défunt et immédiatement amené au centre du village pour être interrogé.* »

Selon ce qui nous est rapporté, tenant des brindilles de balai à la main, les proches parents du défunt, l'un après l'autre, l'interrogent en ces termes : « *Tu es mon fils ou ma fille, mon frère ou ma sœur, etc. et si c'est moi qui t'ai livré(e), viens me cogner.* ». Pour les femmes, on répète cette phrase trois fois et pour les hommes, quatre.

Il se peut que le corps « ne désigne personne » ; les porteurs du cercueil ne ressentant pas, venue du cercueil, de poussée impérieuse les déplaçant en direction d'un membre présent de la famille. On demandera alors, explicitement, une deuxième fois, au corps de bien vouloir indiquer le coupable. Si rien ne se produit, que personne n'est « cognée » par le cercueil, deux hypothèses ; il s'agit soit d'une mort naturelle, soit d'une neutralisation réussie du corps par un allié du sorcier, ou antérieurement présent à la morgue au nombre des membres de la famille ayant participé à la levée de corps, ou faisant partie des jeunes porteurs du cercueil l'ayant intercepté avant l'entrée dans le village. Par acquit de conscience, explique alors Pipo Dobla, « *Les porteurs du cercueil parcourront toutes les rues le village. Et gare à la personne demeurée chez elle et désignée par le défunt ! Car le cercueil ne fait jamais demi-tour. La clôture, le mur de la maison, la porte de la pièce ou de la chambre dans laquelle elle se terre, sera détruite. Comme un aimant, l'accusé semblerait attirer la dépouille, laquelle n'aura de cesse d'avancer jusqu'à pouvoir le cogner – et donc le désigner comme meurtrier. Et il en sera de même à l'encontre de toutes les personnes ainsi accusées.* » C'est à ce moment-là, à ce paroxysme procédural où accusation et condamnation se confondent sans procès dans une sorte de rage instinctuelle populaire, que s'observe le plus haut niveau de déchainement de violence à l'encontre du présumé sorcier duquel la foule exige, *aderat et statim*, des aveux complets, immédiats. Dans la poitrine, sur la tête, le « coupable » subit alors la vindicte populaire. À mains nues ou armés de gourdins ou de tout autre objet susceptible d'infliger des blessures, dont certaines s'avéreront parfois mortelles, les jeunes se montrent en ce moment particulièrement barbares envers leurs victimes. Trainées dans les rues, humiliées, dénudées quelquefois, les personnes « coupables » subissent les plus cruels des châtiments, destinés, à l'instar de ceux de leurs confrères du Moyen-âge européen soumis à la question, à leur extorquer des aveux et à leur faire désigner leurs éventuels complices.

« *Chez nous les Dida, parachève le voyant Ahipo, l'esprit est immortel ; il vit et communique, à sa façon, avec les mortels que nous sommes, au-delà de l'état que l'on nomme la mort.* » En écho aux représailles, certains avouent en effet des forfaits supposés, rendant raison au défunt qui les aura ainsi désignés. Un habitant du village de Gnéhiri, dans la sous-préfecture de Divo, affirme par exemple se souvenir des aveux d'une certaine Prisca Gallo, accusée de meurtre : « *Je ne suis pas seule ! Je ne suis pas seule ! Ne me tuez pas ! Je les dénoncerai tous* ». « *Le corps ne ment jamais, assure ce jeune ; il ne désigne que celui qui est responsable de sa mort, de près ou de loin.* »

« Zéglé a lamlê gbo ! » – « Tous ceux qui sont désignés vont comparaître devant le tribunal coutumier ! », clame-t-on. Car, il y a alors matière, pour le tribunal coutumier, à se saisir au plus vite de l'affaire, avant que ne puissent être procédé à l'inhumation. Très souvent, après moult conciliabules, la sentence, immuable, tombe : « *On lynche les suspects, soit parce qu'ils ont avoué ; soit parce qu'ils nient !* », assure fermement et sans sourciller le vieux Tanoh du village de Blaboudoukou. Pourquoi ? Parce que, explique-t-il, sans complaisance : « *La mort constitue un dommage non seulement réel, mais irréparable ; il faut une âme pour en remplacer une autre, et il faut un sacrifice pour apaiser le courroux du peuple. Et ainsi éteindre le feu* ». « *On en brûle dans certains cas.* », lâche-t-il, dans un silence inquiétant.

Ces actes de vengeance collective sont très souvent le fait de jeunes survoltés, qui trouvent là matière à extérioriser leurs bas instincts. Étienne, un jeune villageois, ne le nie pas, mais en donne les raisons, selon lui : « *Quand des sorciers sont pris, il faut les tuer. Pourquoi ? Parce que du fait de la peur qu'ils inspirent, beaucoup de nos camarades ne viennent plus au village. Ces "» maudits sorciers" » leur font en effet plus peur que les brigands aux coins des rues.* Et nous, nous trouvons alors coupés de toute forme de soutien affectif, financier, social qu'auraient pu nous apporter nos camarades de la ville. ». Et d'ajouter : « *En définitive, ils nous méprisent... car nous tous, jeunes du village, leur apparaissant finalement, peu ou prou, comme des sorciers également ; ils ne nous fréquentent plus, et c'est injuste !* »

Selon certains sages interrogés : « *Les jeunes ont le "» sang chaud" » ; et il nous fait faire avec* ». Très souvent, nous confie un autre, « *De ce fait, même les procès coutumiers sont tronqués ; car l'on ne nous laisse souvent pas le loisir d'effectuer des investigations en profondeur. Déjà, la foule emporte le malheureux ; dont on ne réclame qu'une chose ; des aveux. De toute façon, il est déjà coupable pour ces jeunes.* » *C'est pourquoi, ajoute un autre,* « ... *la présence d'un voyant-guérisseur est souvent chose utile ; car seul un tel personnage, par le respect, et aussi la peut qu'il peut inspirer, peut permettre de tempérer les ardeurs de la jeunesse, et le cas échéant, d'aboutir à un règlement sur des bases coutumières, ou à un transfèrement de l'affaire, une affaire très grave en vérité, au tribunal de la ville.* ».

Les règlements *ad hoc* de telles affaires ont souvent pour conséquences, une fois l'euphorie passée, une exacerbation du climat délétère régnant dans la communauté villageoise et peuvent constituer une nouvelle source de conflits.

Parfois, de fausses accusations sont montées. Par vengeance le plus souvent. L'infortuné devra alors sa survie ou sa disculpation, à sa bonne conduite antérieure qui fera douter plus d'un de cette improbable et prétendue culpabilité. Ou par appel immédiat à un voyant-guérisseur qui, très tôt présent dans le village, soit qu'il y réside, soit qu'il s'y rende immédiatement, pourra éventuellement une fois saisi par un membre de la famille du présumé coupable disculper ce dernier. Dans ces cas-là, nous confie une personne enquêtée, Jean Marie Dobé, Chef du village de Dagrome (dans la sous-préfecture de Divo). « ... *l'accusé pourra réclamer justice au village devant ce qu'il pense être de fausses accusations, en sollicitant le verdict d'un voyant. Mais alors, cette disculpation pourrait à son tour susciter de nouveaux conflits entre familles, car la personne faussement accusée appartient à une famille dont les membres, à leur tout, seraient susceptibles de vouloir se venger de l'affront fait injustement à un des leurs.* ».

VI. Sorcellerie et paranoïa sociale

La désignation formelle (par le médiateur que constitue le voyant-guérisseur) ou non d'un supposé coupable de meurtre par sorcellerie entraîne le plus souvent des conflits en milieu rural, eux-mêmes susceptibles d'atomiser les relations interindividuelles et interfamiliales, de se prolonger dans le temps et de fournir matière à de nouvelles montées de tension. Certains voyants en font d'ailleurs parfois les frais. Ainsi en fut-il du dénommé Mathieu Didi du village de Gro biassoumé, déferré en 2004 en prison sous l'inculpation générique de trouble à l'ordre public, pour n'avoir pas désigné, semble-t-il, la personne attendue… .

La paranoïa génère habituellement une méfiance excessive, portant parfois une charge délirante. Parler de paranoïa sociale, ou de paranoïa généralisée dans le corps social, c'est indiquer l'existence d'une méfiance excessive partagée dans les relations sociales ordinaires entre membres d'une même communauté. Il s'agit d'une attitude commune précarisant les relations, et entrainant au sein du groupe une perte de confiance et de résilience nuisant à la cohésion. Comme le soulignaient déjà I. Sow (*Ibid.*), Marie-Cécile et Edmond Ortigues, (1966)[49], ainsi que Géza Róheim, (2000)[50], l'Africain noir semble vivre dans la peur de la faute et subséquemment de la honte ; le discrédit apporté à la réputation étant pour lui plus insupportable que tout autre malheur. De sorte que vraies ou fausses, les accusations en sorcellerie témoignent globalement d'un mouvement projectif issu des traditions, mais colorant toute mise en relation de peur et de méfiance.

Le mal, toujours imputable à un facteur ou un agent extérieur, entraine la certitude que tout le monde, notamment

---

[49] **Marie-Cécile et Edmond Ortigues** (1966) : *Œdipe africain*, Paris, Plon, 335 p.

[50] **Géza Róheim** (2000) : *L'animisme, la magie et le roi divin*, Paris, Payot et Rivages, Collection Science de l'homme Payot, 458 p.

parmi les plus proches, est susceptible de nuire. A *contrario*, la pensée est jugée plus puissante que la parole. « *Il y a du sang dans le ventre, mais on n'en sort que de l'eau.* », disent en substance les Bethé, peuple voisin des Dida, pour signifier que la parole ne dit pas tout de ce que l'on pense ou rumine. Quant à la parole, elle est elle-même jugée plus meurtrière que les actes objectivables (la malédiction lancée à autrui suite à un quelconque conflit est un meurtre par la parole, plus imparable qu'un passage à l'acte ordinaire). De ce fait, tout le monde, y compris soi-même, consciemment ou non, est susceptible, de mener l'inimitié d'un moment au meurtre par maléfice.

Posée comme telle, cette tendance paranoïaque à l'accusation directe, issue des siècles, s'accommode encore mal des instances juridiques modernes (il en va d'ailleurs autant pour la maladie), de sorte que quand, sur fond de précarité, survient un décès – mal réel et irréparable nous confie un Ancien – le marginal, le vieux solitaire, le pauvre, l'homme jaloux ou le concurrent… est tout de suite passible de poursuites coutumières face à la détresse. Je t'aime. – Tu ne m'aimes pas. Je ne t'aime pas. – Tu me hais. Ce quadruple mouvement, projecteur de la psyché paranoïaque selon Freud, se montre alors à voir ici. Persécuteur imaginaire tout d'abord – la sorcellerie n'a rien de « magique », dit Róheim ; il n'ya que des trucs et des pensées qui font leur effet sur le psychisme individuel ou collectif – l'on devient ensuite persécuteur réel. Avant que d'être, tragiquement, la réelle victime d'un désarroi partagé. À ce stade, les pensées du commun étant focalisées sur la recherche de l'agent « extérieur » à l'individu, mais issu de l'intérieur de la famille pour supposément en désagréger l'équilibre. L'on vit donc, notamment en milieu rural, dans une stase de paranoïa généralisée, omniprésente dans les rapports, impliquant une surveillance de soi, d'autrui, des introspections tendues, ainsi que des dénonciations subites, parfois malveillantes, mais en tous cas déresponsabilisantes, repoussant toute objectivation, et ne recherchant que la confirmation paranoïaque de sentiments imaginaires prêtés à autrui.

En tout état de cause, comme lors de match de football ou de meetings politiques suivis de violences, notre époque offre peu d'occasion de jubilations collectives et d'extériorisation de la violence sociale. Ces déhanchements de violence, mal contrôlée lors de ces moments, brefs, de dénonciation collective, ressemblent alors fort à des instants, permis par la culture pense-t-on, d'expulsion hors de soi, d'une violence trop longtemps contenue et qui s'exprime alors sur un mode sadique et jouissif. La rage qui s'exprime est en fait une joie qui, enfin, trouve son débuché, tant l'horizon temporel semble fermé. C'est le temps où s'exprime la dernière liberté de ceux qui, exclus du monde, reconquièrent alors un espace d'expression de leur identité.

Dans un tel contexte, la méfiance vis-à-vis d'autrui est utile ; avec la disparition de la solidarité mécanique, la pauvreté, les maladies mal ou non soignées, et un argent-miracle seulement présent en ville, l'on s'entretue pour évincer toute culpabilité, et pour profiter d'une mort, certes inévitable, mais du moins susceptible par l'énergie déployée lors des funérailles, de permettre de se venger de la méchanceté perçue d'un monde qui marche sans nous, les « oubliés ».

La sorcellerie, comme toute pandémie servant la sélection naturelle, constitue en ce sens une « peste contemporaine », une méfiance généralisée induisant la disparition des plus faibles et qui, au moyen de rituels désincarnés véhiculant des rumeurs et des dénonciations, permet aux plus forts de s'ajuster à la souffrance du quotidien en faisant porter à l'autre la responsabilité de leurs insuffisances et échecs. Tant que l'Autre nous veut du mal, il y a espoir, car alors nous avons de la valeur et nous vivons. C'est là toute la trame du mouvement projectif de la paranoïa sociale.

VII. Des théories différenciées

Selon Raymond Boudon, (1999) : « *Toute enquête est directement tributaire de l'instrument empirique construit pour la collecte de l'information.* » Entendons l'existence d'un lien entre méthode prescrite et résultats produits. Pour les études portant sur la sorcellerie, ce principe est évident. En découlent des modèles, des théories distinctes.

7.1. Modèle des sciences occultes

Dans ce modèle, les chercheurs privilégient les données métaphysiques issues du terroir, qui donnent ensuite lieu à interprétation de leur part. Ici, la geste criminelle s'explique par le passage de l'individu d'un état physique à un autre, « spirituel », et par l'usage de techniques « occultes » dites « mystiques ». Carl Gustav Jung, (*Ibid.*), W. Pauli (1952), Jack Sarfatti (1979), Noémi Quid (*Ibid.*) et André Mary (1997), peuvent être considérés comme appartenant à ce courant, malgré la grande disparité de leur ancrage théorique respectif. Ce modèle donne lieu à deux types de proposition ; l'une dite de la « synchronicité », l'autre de la « para-physique ».

7.1.1. La théorie de la synchronicité

Proposée par Carl Jung (*Ibid.*), et W. Pauli (*Ibid.*), cette théorie considère les phénomènes exceptionnels sortant du cadre déterministe classique comme l'expression d'un ordre caché de l'univers. L'Inconscient (collectif) de Jung serait l'expression de cet ordre caché ; un sujet pouvant faire preuve de « clairvoyance » quand s'exprimerait dans son inconscient un évènement psychique (rêve, déréalisation, prescience…) à rattacher à cet ordre.

La synchronicité fait appel aux notions singulières de « télépathie » (transmission de pensées à distance), de « clairvoyance » (perception d'objets ou d'évènements non directement visibles dans l'espace), de « précognition » ou de « rétro-cognition » (perception d'objets ou d'évènements advenus dans le futur ou le passé), de « psychokinésie » (action de la pensée sur la matière, sans contact physique), etc. Tous ces phénomènes appartenant à la catégorie de la « perception extrasensorielle ». Ils permettraient en effet à l'organisme de s'informer sur le monde environnant par des voies inconnues, indépendants des canaux sensoriels dits « normaux ».

7.1.2. Les théories dites « para-physiques »

Elles ont été avancées par le groupe de recherche dénommé « Physics and Consciousness Research Group » animé par le physicien Jack Sarfatti. Selon cet auteur, mondes perceptible et imperceptible (univers quartique) forment un tout, toute modification chez l'un se répercute chez l'autre. Tout système physique particulier impliquerait également l'existence d'un système caché sous-jacent ; l'ensemble des systèmes totaux ainsi constitué étant en relation les uns aux autres au moyen de « variables cachées non locales ». Ainsi donc existerait une « cohésion universelle » : un changement quantique dans un système donné pouvant parfaitement induire un changement quantique dans un autre système qui, du point de vue du déterminisme classique, ne serait pas relié au premier. On l'aura sans doute compris, l'auteur, physicien, s'appuie dans sa « démonstration » sur des scories de physique quantique, les k-quanta, supposés être des entités quantiques sans masse et sans énergie voyageant hors de l'espace et du temps et plus vite que la lumière. Il en découlerait dès lors que des ondes électromagnétiques émises par le cerveau pourraient être le canal d'un transfert d'informations entre un inconscient et un autre inconscient.

7.2. Modèle des sciences sociales

L'analyse se fonde ici sur le recueil rigoureux de données observables. Prise en compte des faits sociaux et psychiques, expérimentation de rites et de pratiques dites occultes, analogies, études des législations et de la responsabilité sociale des tribunaux, chefs de village, notables et autres guérisseurs, sont privilégiés dans cette optique incarnée par des auteurs aussi différents que Jean Palou (1971), J. Andoche (1993), M. Augra (1996), A. Bruyère (1997), Peter Geschière (2001), Clément Fabrice (2003), Alain Marie (2003), Ogo Seck Papa (2003) ou encore Éric De Rosny (2005). Ces auteurs ont usé d'un indicateur fondamental – les conflits liés au phénomène. Égrainons ici deux types d'approches : celui de théories dites de la sociologie des conflits ; celui adossé à la criminologie dit de la réaction sociale.

7.2.1. Les théories sociologiques des conflits

On en distingue quatre : la sociologie libérale de l'influence et de la stratégie ; la sociologie critique de l'ordre constitué ou établi ; la sociologie de l'action ; et la sociologie proprement dite des conflits.

7.2.2. Théorie libérale : influence et stratégie

Elle axe son raisonnement sur les stratégies de prise de décision et les techniques des partenaire-adversaires visant à maximiser les chances de réussite et de minimisation des pertes. Amos Rapoport, (1972)[51], en a formulé un modèle des plus illustratifs. Dans la Cité, les individus se perçoivent – à la manière de ce qu'en disait Georg Simmel, (1998)[52] – comme

---

[51] **Amos Rapoport** (1972) : Pour une anthropologie de la maison, Paris, Dunod, 207 p.

[52] **Georg Simmel** (1998, 3e édition 2005) : *Les pauvres*, Paris, Presses universitaires de France, Collection Quadrige/Grands Textes, 102 p.

compétiteurs, rivaux, concurrents ; tous s'efforcent d'obtenir des décisions institutionnelles à leur avantage respectif, décisions auxquelles ils réagissent de manière cohérente pour s'adapter. Mais les acteurs en présence ne sont pas de simples concurrents, dit-il, surtout quand existe entre eux une certaine intimité. Ils visent plus que le développement de réactions appropriées aux stimulations de l'environnement. Leur motivation étant de l'ordre de la recherche de domination, de contrôle et de pouvoir, tout objet du social à leur disposition, y compris le mysticisme ou l'occultisme, s'il semble pouvoir les y aider, sera instrumentalisé à cette fin. La sorcellerie, en ce sens, qu'elle existe ou non dans son essence, est revitalisée dès lors qu'elle intègre les rapports sociaux conflictuels dans un contexte donné et constitue ainsi un objet/enjeu sociologique.

7.2.2.1. La sociologie critique de l'ordre constitué ou établi

Cette théorie considère la société comme une unité, un acteur déterminant son fonctionnement interne et ses rapports avec l'extérieur ; l'environnement. On peut considérer Guy Rocher, (1968)[53], comme un précurseur. Il se déploie dans le système total une unité de l'action sociale puisque les fonctions de nutrition, de sécurité, de reproduction, de stabilité et de continuité s'agglomèrent pour fonder l'ordre social nécessaire à sa survie. Ce faisant, les segments (individus ou groupes), en lutte les uns contre les autres pour le pouvoir et la domination, concourent tous à servir la fonction primordiale – de reproduction – indispensable au maintien de cet ordre établi. Et à la perpétuation des valeurs issues de l'environnement. L'ordre est inégalitaire, certes, puisqu'il signifie domination exercée par certains et imposée à d'autres. Mais il est naturel et même nécessaire pour la société qu'il en soit ainsi ; le pouvoir de

[53] **Guy Rocher** (1968) : *Introduction à la sociologie générale*, Paris, Édition HMH, Collection Points, Tome 1 (189 p.) ; Tome 2 (258 p.) ; Tome 3 (318 p.).

contrôle (de l'appareil de répression ou d'intégration sociale et culturelle) fonctionnant de manière à assurer un contrôle sur les vastes aspects touchant au pouvoir (y compris celui de la culture et des croyances comme le mysticisme) ; le but visé étant de servir la reproduction et la stabilité de l'ordre établi.

7.2.2.2. La sociologie de l'action

Elle s'intéresse avant tout aux actions conflictuelles. Et à ce titre, semble puiser chez A. Touraine, (1973, 1993)[54]. La sociologie de l'action considère en effet la société comme le produit de sa propre action (action des hommes), comme un réseau de relations sociales organisées autour de la lutte pour la direction des divers modes d'intervention de la société sur elle-même.

La sorcellerie en ce sens, celle de l'agression mystique notamment, est une pratique domestique de transformation du réel objectif en une menace symbolique, bien réelle pourtant pour les acteurs, permettant la reproduction de la société (dans ses hiérarchies comme dans son efficience) et favorisant l'érection d'un élément de différenciation avec le pouvoir (étatique par exemple) venant de l'extérieur, Jean Pierre Terrail, (1979)[55].

7.2.2.3. La sociologie des conflits

À côté des théories précédentes que l'on pourrait considérer comme fonctionnalistes, l'ancrage sur les conflits se distingue. Les luttes, c'est-à-dire les actions conflictuelles

---

[54] Voir **Alain Touraine** (1973, 1993) : Production de la société, Paris, Le Seuil, 544 p. Ou **encore Nicolas Rousselier** (2009) : Touraine (Alain), In. Jacques Julliard et Michel Winock (dir.) (2009) : *Dictionnaire des intellectuels français : les personnes, les lieux, les moments*, Paris, Le Seuil, p. 1359-1360.

[55] **Jean-Pierre Terrail** (1979) : La Pratique sorcière. Éléments pour une sociologie de l'agression magique, *In* Archives de Sciences Sociales des Religions Année 1979, 48/1, (juillet-septembre), pp. 21-42

organisées par un acteur collectif contre un adversaire pour le contrôle d'un champ social ou de l'historicité, y tient une place importante. Mais non déterminée par un objectif supérieur, comme celui de la survie de l'espèce ou des valeurs par exemple. Importe ici l'aspect dynamique des interactions considérées comme actions et réactions ponctuelles au sein de relations obligées, mais non toujours nécessaires. Cette approche « compréhensive » s'attache surtout à catégoriser les types de conflits, et pour cela à décrypter leurs origines ou leurs causes, leurs enjeux, leurs litiges, leur déroulement ou évolution et enfin leur gestion.

7.2.3. Les théories criminologiques de la réaction sociale

Une prémisse : l'étude de la réaction sociale permet de mieux comprendre le crime et son auteur ; et par voie de conséquence, de lutter plus efficacement contre la délinquance. Partant, on ne s'intéresse pas ici au passage à l'acte du « transgresseur », qui n'a d'autre spécificité que sa dimension anthropologique, culturelle donc, mais à l'analyse sociologique des mécanismes de la réaction sociale, depuis l'établissement de la loi pénale jusqu'à l'application des sanctions pénales, en passant par le fonctionnement de la police, des parquets et des tribunaux. Ainsi qu'aux victimes et aux médias, lesquels participent à la création de la catégorie « délinquance ». Ces théories tournent autour du *labeling theory* ou « théorie de la stigmatisation », dite encore « théorie de l'étiquetage »[56].

Cet ensemble de théories inclut un des derniers développements de la criminologie, celle dite de la criminologie critique, radicale ou nouvelle. Dont l'objet d'étude porterait ici sur la reformulation des pratiques et des

---

[56] On pourra se référer aussi aux études anglo-saxonnes sur la *social réaction approach* ou sur *l'interactionist theory* (ou Théorie interactionniste).

politiques institutionnelles mises en œuvre jusque là pour contrecarrer la délinquance culturelle.

Surtout, elle devrait nécessairement inclure une branche de la criminologie trop souvent minorée, celle de la prévention du crime. Crime et prévention sont en effet indissociables, et ensemble intiment liés à la définition que l'on pourrait donner de l'infraction et de l'appréciation que l'on a de la manière de faire en la matière, de l'éducation, des fondements culturels de la parentalité, etc. La question qui se pose ici est celle de savoir quelle est la réponse des politiques face à une hausse empiriquement constatée des pratiques rituelles incriminables. Et comment construire une réponse adaptée qui ne tienne pas seulement compte d'une hausse de la présence de l'État dans certaines zones rurales ivoiriennes, et qui ne soit pas seulement répressive ou dictée par un désir ponctuel de maintien d'ordre ?

Chapitre II.
Méthodologie pour une étude de la sorcellerie

Il s'agit ici d'exposer la démarche méthodologique utilisée dans le cadre de cette étude.

I. Faire une pré-enquête

Pour mener à bien les investigations, l'on a débuté par une pré-enquête auprès d'un échantillon réduit de 95 personnes. Cette étape préliminaire s'est déroulée d'octobre à décembre 2005. Elle a été conduite dans la Sous-préfecture de Divo, portant comme problématique la question des conflits liés aux pratiques de sorcellerie. Ce séjour scientifique s'est étendu sur 29 villages, et il ne serait pas inintéressant, ici, de rendre compte du notre vécu quotidien durant l'enquête ainsi que des résultats collectés.

1.1. Importance de la recherche documentation

La recherche documentaire est considérée comme un travail préalable et essentiel permettant d'aborder le terrain avec un ensemble de connaissances pertinentes sur le sujet, et d'avoir en même temps une vue panoramique de la problématique dans laquelle se situent les informations. Elle a donc d'abord consisté en une documentation scientifique, notamment des ouvrages de base se rapportant à la sorcellerie, aux conflits en milieu rural et à la méthodologie. Puis a porté sur la documentation judiciaire relative aux données d'ordre statistique (Arrêts, jurisprudence, doctrine…) de la localité.

À ce stade, elle ne constitue point encore, et véritablement, une technique de recueil de données soumises à validation des hypothèses. On dira, comme l'indiquent Maurice Duverger, (1961)[57], et Raymond Boudon, (1969)[58], qu'elle permet plutôt d'inscrire le travail par une lecture d'introduction pour les profanes autant que par une réalisation hyper-génique pour les spécialistes.

1.2. De la mise en place d'un réseau relationnel

Devant l'étendue de la tache, la ville de Divo constituant une Sous-préfecture, il a été nécessaire de recruter quatre (4) « facilitateurs » ressortissants de la cité et tous activement et professionnellement intéressés par les activités touchant aux pratiques mystiques dans la localité. Il s'est agi précisément d'un « voyant-guérisseur » disposant paradoxalement d'un niveau d'étude appréciable utile à la communication et à l'échange, d'un journaliste spécialiste de la question et de deux acteurs associatifs[59] opérant sur place dans le domaine de la lutte contre la délinquance et les crimes dits spirituels. Ces « facilitateurs » intéressés par cette enquête inscrite dans leur champ de travail, s'y sont investis, tant au niveau théorique qu'au niveau opérationnel, mettant à notre disposition tant leurs connaissances sur le sujet que leur réseau relationnel.

1.3. De l'unité domestique du chercheur

Afin d'optimiser la démarche ethnographique utilisée, choix a été fait de l'immersion de l'enquêteur dans le milieu d'étude. Pour parfaire cette intégration, c'est l'unité domestique du chercheur lui-même qui a été déplacée de la

---

[57] **Maurice Duverger** (1961) : *Méthodes des sciences sociales*, Paris, Presses universitaires de France, Collection Thémis, 501 pages.
[58] **Raymond Boudon** (1969) : *Les méthodes en sociologie*, Paris, Presses universitaires de France, Collection Que sais-je ? N° 1334, 126 pages.
[59] Ils sont membres de l'Association **CALDC** : Confédération africaine de Lutte contre la Délinquance et les Crimes Spirituels.

ville d'Abidjan [60] et installée sur place durant la période de l'enquête. La famille, au sens large, avec les frères et sœurs, et les conjoints, constitue en effet, indiquent de nombreuses études ethnographiques, un puissant moyen de développement et d'entretiens de liens horizontaux et verticaux dans le champ d'exploration. Ainsi que de légitimation identitaire du chercheur dans un milieu rural où faible, le principe d'individuation est avantageusement remplacé par une sociabilité collective ; ce n'est donc plus un enquêteur – venu de la ville – qui se montre à voir, mais un « fils », un « neveu », un parent donc, en quête de savoir sur ses traditions.

Le chercheur, lui-même originaire de Divo (Chef-lieu de Sous-préfecture), le terrain d'étude, s'y est installé dans la concession familiale, plus précisément au quartier « Plateau » de la ville. Épicentre du terrain d'enquête, ce quartier offrait deux avantages : une position centrale dans la ville et une localisation de la concession près de tout dispositif institutionnel ou privé utile : postes et télécommunications, mairie, Palais de justice, Préfecture, stade municipal, Trésor public, Direction Départementale de l'Éducation Nationale (DDEN), grand marché de la ville, etc. ; tous lieux convoités quotidiennement par les populations locales, urbaines et rurales. De cet endroit, informations, fondées ou non, rumeurs, attroupements et affaires sérieuses touchant à la sorcellerie ou au charlatanisme nous parvenaient, par ces mille chemins détourés qu'empruntent si efficacement le bouche-à-oreille dans nos cités, contribuant ainsi à une certaine densification du réseau d'information. Se rendre sur les lieux, interroger, voir, écouter, cet ensemble de démarches fondamentales a bien sûr été nécessaire pour une appréhension objectivable des faits récoltés, pourvu que les

---

[60] **Abidjan** : Capitale économique du Pays, lieu où se situe l'Université Félix Houphouët-Boigny.

acteurs interrogés puissent rencontrer les critères prédéfinis de l'échantillon.

1.4. Des risques de biais

L'immersion ne fut pas que de se limiter à une présence familiale au sein des populations investiguées. Dans le fond, la matière étudiée est particulière, par sa nature (elle touche aux croyances de l'irrationnel), et par les tabous qui l'entourent (car il s'agit de « pouvoirs » utilisés tant pour le bien commun que pour le maléfice) ainsi que par son mode intergénérationnel de transmission reposant, pour une large part, sur des rites initiatiques. « *Tu ne prendras point le nom de l'Éternel, ton Dieu, en vain ; car l'Éternel ne laissera point impuni celui qui prendra son nom en vain.* », disent les Écritures[61]. Célèbre avertissement contenu dans la Bible auquel fait écho le contenu d'autres maximes des traditionnistes comme les nommait Maurice Delafosse, (1901)[62], relatives à la « précaution » initiale nécessaire avant que d'explorer le champ des proximités avec les Anciens et les mânes des Ancêtres.

Dans un tel environnement, interroger des tradi-praticiens a impliqué au préalable de se soumettre à des rituels censés garantir la « protection » mystique contre les « forces du mal ». Cela ne s'est pas fait sans réticence de notre part, eu égard à des principes religieux bien ancrés[63]. *Necessitate praecepta*[64], et afin de faciliter le travail de recherche, cela fut fait. Il ne s'agissait pas de croire ou non aux résultats de tels rituels. Mais de les prendre pour ce qu'ils étaient, des faits de savoir utiles à la recherche. Et, plus important encore dans ce cadre, des faits méthodologiques induisant par la participation

---

[61] **Louis Segond** 1910, Exode 20 : 7 SEG.

[62] **Maurice Delafosse** (1901) : *Les Libériens et les Baoulé : nègres dits civilisés et nègres dits sauvages*. Paris, Édition Hachette BNF, 37 pages.

[63] L'auteur est un pratiquant du bouddhisme.

[64] La nécessité fait loi

du chercheur, l'installation d'un climat de confiance avec les enquêtés. Pris dans ce sens, le chercheur n'est plus perçu comme « ce noir au savoir blanchi » venant indument « voler » du savoir afin de lutter contre certaines pratiques coutumières, mais comme un fils du terroir, bien intégré dans la tradition, voire la revendiquant, intéressé par la connaissance traditionnelle. Dès lors, une recommandation va voir le jour : considérer le moindre événement comme faisant signe et sens, qu'il s'agisse des actes ou des paroles accompagnant le rituel ; mais garder pour soi, en soi, la distance immanente du chercheur pour éviter dans l'analyse des biais toujours possibles.

II. Terrain d'étude, population et échantillon

2.1. Choix du terrain d'étude

La ville investiguée se situe dans la région du Loh-Djiboua, Région administrative située au centre-sud de la Côte d'Ivoire. Elle s'étend sur une superficie de 9196 km², est limitée au nord par la région du Goh (ayant pour Chef-lieu la ville de Gagnoa), au Sud par l'océan Atlantique, à l'Est par la Région des Lagunes (région comprenant la ville d'Abidjan) et à l'ouest par la Région du Bas-Sassandra dont le Chef-lieu est la cité de San-Pedro.

Divo, le terrain d'étude, est composée de deux (2) départements qui sont Divo et Lakota.

Le département de Divo (Chef-lieu de Région) compte cinq (5) Sous-préfectures à savoir : Divo, Guitry, Hiré. Tandis que Lakota regroupe les Sous-préfectures de Lakota et de Zikisso. D'après le recensement de 1998, cette Région compte une population de 682 021 habitants, dont 534 280 habitants dans le département de Divo et 147 741 habitants dans celui de Lakota.

La région de Divo est arrosée par le fleuve Boubo et des rivières intermittentes. Le climat dans cette région du sud-est de type attiéen[65]. La pluviométrie est caractérisée par une certaine régularité source d'atouts pour la production agricole.

L'activité économique y est surtout basée sur l'agriculture. Les cultures de subsistance (riz, banane, manioc…) sont soutenues par les cultures de rente dont notamment le café et le cacao, dont la Côte d'Ivoire est le premier exportateur mondial.

Du point de vue des infrastructures, les villes de la région de Divo sont relativement bien garnies, même si les villages visités ne présentent que quelques indices de modernité. Ils sont pour la plupart d'entre eux cependant alimentés en eau potable par système de pompage et en électricité par éclairage public et privé.

Les premiers soins de santé, dans la région, sont assurés par des centres de santé communautaire ou des infirmeries installés dans les villages. De même, la ville dispose d'un Hôpital Hospitalier Régional (CHR) et également de cliniques privées.

Le peuplement, diversifié du fait de l'attrait exercé par les nombreuses terres cultivables et la voie commerciale, compte une majorité d'autochtones Dida, laquelle cohabite avec

---

[65] La Côte d'Ivoire est la zone de transition entre le climat équatorial humide et le climat tropical semi-aride. Ainsi, le pays peut être divisé en deux zones principales : le nord et le sud. On distingue quatre types de climats en Côte d'Ivoire selon les pluviométries qui sont : le climat attiéen au sud ; le climat baouléen au centre ; le climat sud-soudanien : au nord ; le climat de montagne : à l'ouest. Le sud est très humide, car toute l'année il est frappé par les brises de mer chaudes et humides, il connait alors 4 grandes saisons qui sont : D'avril à mi-juillet, des vents humides proviennent de l'océan, frappent sur le sud et provoquent une grande saison des pluies.. De mi-juillet à novembre, on constate un ciel ouvert et un beau temps avec une petite saison sèche ponctuée de quelques petites précipitations. De décembre à mars vient le temps de l'harmattan, porteur d'une grande saison sèche. Voir l'Encyclopédie en ligne Wikipédia sur : https://fr.wikipedia.org/wiki/G%C3%A9ographie_de_la_C%C3%B4te_d%27Ivoire

d'autres groupes ethniques, notamment les allogènes Dioula et Baoulé.

Chez les Dida existe aussi une multitude d'organisations religieuses monothéistes ou non et syncrétiques, ainsi que des croyances animistes bien ancrées. Les religions pratiquées sont principalement : le christianisme, l'islam, l'animisme et dans une moindre mesure le bouddhisme.

L'organisation sociale des Dida, est basée sur la famille élargie qui comprend les conjoints, les enfants, les grands-parents, les oncles et tantes, les neveux et nièces. Cette grande famille vit en général dans le même quartier de la ville, du village ou du campement. Existent alors différentes Cours, sous l'autorité chacune d'un Chef de famille.

Cette étude a concerné l'ensemble des deux (2) départements formant le « pays Dida » ; on a attendu de cette configuration choisie une certaine unicité dans l'approche du phénomène, de même que n'ont point été négligées dans l'enquête les spécificités propres à chaque entité départementale. Les travaux antérieurs de Criminologie menés au cours des années de maîtrise et de DEA (Diplôme d'Études Approfondies) avaient déjà permis d'explorer ces deux localités. Et avaient révélé que 56 % des affaires judiciarisées de la ville avaient trait à la délinquance dite mystique. Les statistiques établies par l'O.N.G C.A.L.D.C.S, statistiques d'ailleurs publiées par le quotidien d'informations générales et d'analyse Le Front[66], allaient dans le même sens.

Quant à Lakota, souvent surnommée en Côte d'Ivoire « La région des prophètes », elle regorge pour des raisons jusque là inconnues, de tradipraticiens ayant dans le pays tout entier acquis une certaine renommée, comme acteurs de la lutte contre les effets malveillants de la sorcellerie, objet de cette étude.

---

[66] Voir *Le Front*, Quotidien d'informations et d'analyses, n° 255 du lundi 25 mars 2002.

Ces deux départements – Divo et Lakota – formant la région de Divo, se sont présentés, en raison de leurs spécificités culturelles et judiciaires décrites plus en haut, comme pouvant constituer un terrain fécond et propice à nos investigations. Ils nous ont d'ailleurs permis, au cours de ce travail de Thèse, de rendre compte de la réalité du phénomène investigué à une échelle plus vaste que celle dont l'on a rendu compte auparavant en maîtrise et en DEA.

2.2. Population d'enquête

Afin d'obtenir une diversification de la source de collecte de données, la population d'enquête a été constituée d'une plurivocité de catégories d'acteurs au nombre de sept (7) : celles de magistrats, de notables et autres personnes âgées, des jeunes ruraux ; des jeunes cadres employés dans les secteurs privé et public, des personnes se présentant comme victimes de sorcellerie et de témoins de telles pratiques, des sorciers ou prétendus tels, et de certains des acteurs de la lutte contre les pratiques de sorcellerie.

2.2.1 Magistrats

Ces praticiens du droit portent une double casquette. Hommes de Droit, ils se trouvent directement en prise avec la problématique du changement enclenché depuis les Indépendances pour amener les sociétés de l'ANT vers un modèle de société rapproché de celui de l'occident ; ils ont ainsi à manier les textes du Code pénal pour connaître des affaires relevant de schèmes traditionnels de comportement, en même temps qu'à évaluer sans cesse l'effet de leurs prononcés sur la cohésion sociale de leurs mandants et les rapports sociaux subséquents dans la Cité.

Mais relevant eux-mêmes, et par essence, de tels schèmes, comprenant donc « naturellement », intuitivement pourrait-on dire, les enjeux de pouvoir sous-jacents aux conflits liés à la pratique sorcellaire dans la communauté familiale ou villageoise qui se présente au tribunal, ils ne peuvent toujours, sans réticence, être enclins à porter la sanction. Quelle valeur en effet accorder à des aveux en sorcellerie, de plus obtenus sous diverses formes de contrainte ? Aussi se trouvent-ils souvent, comme dirait B. Holas, (1961)[67], « écartelés », psychologiquement s'entend, entre tradition et modernité. Reste, ont-ils admis, nous le verrons, qu'il demeure pour une justice efficiente une parade : s'inspirer des formes systémiques de médiation traditionnelle dans le règlement de tout litige : divorce, agression, sorcellerie… .

2.2.2. Notables et autres personnes âgées

En référence au tribunal coutumier, cette catégorie de personnes se trouve rarement absente du règlement des litiges dans le village ouest-africain. Du fait de leur âge, synonyme d'expériences, leurs connaissances et opinons en la matière et en ce qui concerne le règlement coutumier de litiges en lien à la sorcellerie, nous sont parues fondamentales. Sur la justice moderne, son mode de gestion de tels conflits et ses effets, ils se sont également prononcés. De même se sont-ils exprimés sur l'ampleur, les causes et les évolutions du phénomène dans leurs localités, et leurs attentes en matière de justice pénale.

2.2.3. Jeunes ruraux

Pauvreté, raréfaction des ressources issues des travaux champêtres, maladies et absence d'assurance maladie universelle pour tous, échecs scolaires, stigmatisation liée au sida, handicaps et insuffisance de la présence des services sociaux, voilà une situation d'ensemble faisant que c'est à double titre que les jeunes ruraux sont confrontés au phénomène des accusations en sorcellerie : comme victimes de ces accusations parfois, comme victimes également de la

---

[67] **B. Holàs** (1961) : *Changements sociaux en Côte d'Ivoire*, Paris, Presses Universitaires de France, 117 p.

perte soudaine, souvent tragique pour eux, d'un « parent », éloigné ou proche, dont l'assistance leur était nécessaire pour subvenir à leurs besoins économiques et affectifs.

Un tel environnement favorise parfois des actes de violences privées, de révolte contre les personnes accusées, en vue d'obtenir des aveux, auxquels ne manquent souvent pas de participer, comme l'a indiqué notre pré-enquête, ces jeunes ruraux. Une telle atmosphère, marquant l'affaiblissement des structures familiales jadis protectrices et l'imprécision des voies de recours judiciaires, explique peut-être l'implication de ces jeunes ruraux dans de tels actes. À tout le moins, elle a fait considérer comme nécessaire de les interroger au cours de l'enquête proprement dite, afin de recueillir leurs avis : qu'elle est la « mentalité populaire » qui se dégage chez eux sur cette pratique ? Comment appréhendent-ils la nature même des maléfices employés ? Comment perçoivent-ils les enjeux de pouvoir qui se jouent au cœur même des conflits liés à la pratique ? Quels sont leurs rapports aux féticheurs et autres sorciers ?

2.2.4. Jeunes cadres

De toutes ces catégories, il a semblé dès l'abord des enquêtes que celle des cadres (de l'administration ou du privé) promis à un bel avenir ou bénéficiaires d'un statut socioprofessionnel enviable, quelque soit le genre, ait unanimement semblé rassembler le plus gros lot de potentielles victimes d'attaques en sorcellerie. Cela relevé, on a aussi voulu savoir leur éventuelle part de responsabilité, leur rôle, dans les conflits sous-jacents accompagnant l'usage violent de moyens mystiques, ainsi que leur opinion sur la réalité de ces forfaits et leurs recours possibles quand ils le pouvaient : douleur muette, indifférence, vengeance privée, etc.

2.2.5. Victimes et témoins

Le corps des victimes et des témoins est constitué d'ex-victimes non décédées et de personnes ayant eu, au moins, selon leur interprétation, un proche touché par cette manifestation extrême de culture. À ce groupe de victimes directes et indirectes ont été adjoint dans la sous-catégorie « témoins » des membres du corps médical travaillant dans les localités considérées. Ceux-ci se sont en effet révélés être des témoins de l'ambigüité, voire de la confrontation, entre les causes assignées aux maladies et aux décès ; témoins également des réactions sociales – parfois violentes – de familles face à ses doutes. Et ont adopté, par obligation professionnelle, un certain nombre de comportements et de discours, envers les membres de ces familles, que nous avons voulu approcher. Ce choix en faveur des personnels médicaux a été aussi dicté par le besoin d'apprécier objectivement, au moyen de statistiques médicales disponibles, le nombre et le profil socio-économique et professionnel, tant des victimes que de leur famille, durant le temps de l'enquête.

2.2.6. Sorciers ou prétendus tels

En prison, au village ou chez des voyant-guérisseurs, qu'il s'agisse d'enfants dis sorciers (EDS), de personnes adultes ayant avoué s'être transformées en tel ou tel autre animal – le plus souvent la nuit – pour porter atteinte à l'intégrité psychique ou physique d'une victime (personne physique ou morale[68]), de personnes âgées ou de simples vagabonds considérés comme « sorciers », et qu'il y ait ou non eu sentence suite à un procès criminel, il a fallu interviewer ces

[68] A titre d'illustration, on pourra écouter cette vidéo intitulée : AEUX : Je me suis transformé en varan en sorcellerie pour détruire le Centre Peniel de Divo, consultée le 17 octobre 2020 à partir de l'URL suivante : https://verfilmeshd.gratis/14-coisas-que-tornam-a-islandia-ainda-mais-fria-que-a-terra-media/

personnes. Cela, afin de rassembler des informations pertinentes relatives à divers aspects touchant aux affaires liées à la sorcellerie : les sources de revenus, les dynamiques familiales, les faits empiriquement détectés, les modes de preuve (leur matérialité et les témoignages recensés[69]), l'obtention des aveux et les motivations de tels aveux, etc. Tous les faits relevés auront permis d'éclairer ces points cruciaux de notre problématique, à savoir : l'émergence d'une certaine « croissance » de phénomènes liés à la sorcellerie ; l'adaptabilité plus ou moins efficiente de l'appareil judiciaire pour traiter de ce type de questions ; et l'ampleur des réactions parfois violentes des populations, rurales et/ou urbaines, face aux manifestations de cette nature.

2.2.7. Acteurs de lutte contre la sorcellerie

L'on s'est intéressé, par cette catégorie, aux membres actifs et responsables d'O.N.G intervenant dans le domaine de la lutte contre les pratiques en sorcellerie, ainsi qu'à certains tradipraticiens (féticheurs, marabouts…) et responsables de confession religieuse portant intérêt à la question, résidant sur place et ayant accepté de partager leur point de vue et leurs expériences du phénomène ; par l'écoute des familles, de certaines victime et leur implication personnelle parfois dans le règlement de conflits impliquant la pratique du mysticisme, ils ont paru qualifiés pour porter un éclairage suer les croyances traditionnelles et les usages faits des tabous, des fétiches, et l'utilisation de la magie dans ces régions.

III. Échantillonnage

L'échantillonnage est un procédé continuellement décrit comme permettant la constitution d'un « sous-ensemble

---

[69] Voir à ce sujet : **Éric de Rosny** (Sous la dir.) (2005) : *Justice et sorcellerie*, Colloque International de Yaoundé, 17-19 mars 2005, Paris, Yaoundé, Éditions Karthala, Presses de l'UCAC, 387 p.

caractéristique d'une population ou d'un domaine d'activité », c'est-à-dire un échantillon. Ce dernier, sous une forme réduite, doit être représentatif de la population entière concernée. En ce sens, l'échantillonnage correspond au choix méthodique et calculé, au sein d'un groupe, d'éléments représentatifs de l'ensemble.

Pour que l'échantillon soit représentatif d'une population dans une enquête ou sondage d'opinions, il faut interroger des sujets appartenant à différents groupes d'âges, de sexes, de professions, de milieux, en proportion de leur importance réelle dans cette population dite de référence.

Dans cette étude, faute de base de sondage spécifique, l'on a procédé comme l'indique la règle générale, par sondage « sur place » dans les villages et quartiers de Divo, et dans les hameaux des plus reculés parfois. Il s'est ainsi agi d'une construction de l'échantillon par « choix raisonné », de façon éparse, pourvu que les sujets : 1) aient au moins 20 ans révolus ; 2) soient résidants de l'une des deux localités ; et 3) donnent leur consentement éclairé. En tout, 500 personnes en tout ont été investiguées.

Les personnes questionnées se sont réparties de la manière suivante :

Catégories	**Effectifs**
Magistrats	15
Notables et autres personnes âgées	78
Jeunes ruraux	105
Cadres	178
Personnes victimes de pratiques de sorcellerie et témoins	64
Sorciers ou prétendus tels	20
Acteurs de lutte contre la sorcellerie	40
TOTAL	**500**

Tableau 1 : Répartition de l'échantillon par catégorie de population

Source : Données d'enquête

Une telle procédure a été adoptée en vue d'accorder à chacune des unités de la population, la chance d'appartenir à l'échantillon : échantillon qui dès lors, renferme adultes et jeunes, hommes et femmes, intellectuels et illettrés, fonctionnaires et ouvriers, autochtones (Dida) et allogènes (les autres ethnies), animistes, chrétiens, musulmans, etc.

La technique du sondage sur place a eu le mérite de prendre en compte l'aspect contextuel important ici ; les données ont permis d'évaluer le comportement des différentes communautés en présence, de même que l'attitude individualisée de participants, individus isolés ou sorciers par exemple.

IV. Méthodes de recherche appropriées

En prélude à l'enquête et une fois menée la pré-enquête, six méthodes de recherche ont retenu de prime abord l'attention : structuralisme, méthode historique, fonctionnalisme, méthode dialectique, méthode comparative et méthode systémique. L'attention devait néanmoins surtout porter sur la gestion des conflits liés à la sorcellerie (dans la région de Divo), tant au niveau du tribunal moderne que coutumier, afin de répondre aux exigences de la thématique de ce travail. Trois périodes ont été arbitrairement définies : 1981 à 1990 ; 1991 à 2000 ; et de 2001 à 2007, correspondant, au plan opératoire, aux classifications administratives des archives judiciaires. Périodes devant servir de base à une analyse comparative de l'évolution des conflits. À l'analyse de leurs causes en milieu rural ainsi que de leur mode de gestion.

C'est afin de réussir au mieux cette analyse de données statistiques issues des tribunaux de la région, qu'il a paru impérieux de ne retenir qu'un nombre limité de méthodes de recherche, les plus efficientes dans ce cas : la méthode historique, la méthode comparative et le structuralisme. L'on aurait pu se limiter à la méthode dialectique dont la particularité est de « réunir », de contenir, la majorité des autres méthodes en science sociale. Sa spécificité est de permettre de recenser les contradictions émises dans le discours. De les accumuler puis de les analyser en lien aux phénomènes tels que le changement. Mais il nous a fallu « dépasser » cette méthode dans un souci de recherche de précisions.

L'on aurait pu, également, décider de ne mener qu'une enquête purement ethnographique. Celle-ci se fonde, en principe, sur l'enquête directe conduite par l'ethnologue dans le contexte d'une relation vécue sur le « terrain », c'est-à-dire au sein d'une société dans laquelle le chercheur accepte de s'immerger, parfois pendant plusieurs mois, voire plusieurs années, se faisant autant observateur qu'enquêteur. Cette approche qui fut notre explique d'ailleurs notre position stratégique sur le terrain.

Il existe cependant – du point de vue moral et éthique – des limites à l'étude ethnographique, qui se veut aussi méthode, notamment lorsque le chercheur travaille sur un objet comme les pratiques de sorcellerie. L'obligation pour le chercheur à adopter certaines stratégies et jouer certains rôles dans la quotidienneté des enquêtés, comme on l'a fait ici, pose question. De même que la collecte de données ethnographiques sur la sorcellerie s'est avérée souvent tributaire des relations particulières entretenues par le chercheur avec certains responsables coutumiers et adeptes du mysticisme traditionnel. Enfin, la question de la place à prendre dans le jeu social que constitue le système de la sorcellerie, au travers notamment des rites d'initiation, interroge également. Relevés par Olivier Schmitz, (2008)[70],

[70] **Olivier Schmitz** (2009) : Quelques réflexions sur les limites à la moralisation des procédés ethnographiques dans l'étude du magique, In. *ethnographiques.org,* Numéro 17 - novembre 2008 - L'éthique en anthropologie de la santé : conflits, pratiques, valeur heuristique [en ligne]. (https://www.ethnographiques.org/2008/Schmitz - consulté le 19.10.2020

ces biais, et d'autres, sont repris à notre compte. Aussi, tout en gardant présent à l'esprit la démarche ethnographique, ainsi que ses avantages (immersion dans le groupe, compréhension des gens et des pratiques dans leur contexte d'usage, décryptage au plus près du réel des modes de vie, des relations sociales et des comportements et attitudes…), l'on travaillera plutôt sous le prisme des méthodes plus haut arrêtées, historique, comparative, structuraliste.

4.1. La méthode historique

Définie par Roger Pinto et Madeleine Grawitz, (1964)[71], comme « *… méthode de la genèse des situations étudiées, à la succession temporelle, pour rendre compte de la situation actuelle.* », l'analyse historique a permis de saisir la genèse des conflits liés aux pratiques de sorcellerie, leur évolution temporelle et leur impact sur les populations rurales. Dans la pratique, le passé du peuple Dida, ses mentalités, ont été visités et mis en rapport avec les comportements actuels relevés vis-à-vis de leurs pairs. Tout ceci dans un rapport de causalité censé éclairer l'explication des conflits de sorcellerie.

4.2. La méthode comparative

Elle se définit couramment comme démarche cognitive par laquelle l'on entend comprendre un phénomène par sa confrontation à des situations différentes où il se montre à voir.

La comparaison est au principe de toute connaissance : démarche universelle, c'est par elle que l'homme se dote de points de repère, indispensables à la compréhension du monde qui l'entoure. Et par elle donc que s'établit le rapprochement d'éléments différents, qu'il s'agisse de faits, de concepts, d'idées ou de théories. Son but ultime étant de dégager des

[71] **Pinto Roger et Madeleine Grawitz** (1964) : *Méthodes des sciences sociales*, Paris, Dalloz, Collection Précis Dalloz, 2 volumes, 994 p.

éléments constants et généraux susceptibles d'aboutir à une compréhension scientifique globale dans l'explication sociologique. D'inspiration durkheimienne, la méthode comparative est la démarche sociologique par excellence, en ce qu'elle constitue, comme « expérimentation indirecte », l'essence même de la sociologie ; description des faits et analyse comparative étant étroitement liés.

L'approche comparative en sociologie peut prendre diverses formes. La première consiste, par une comparaison de situations concrètes, à analyser les différences, puis rechercher des éléments constants et enfin dégager des types. La seconde, s'apparentant à l'analyse causale, est une expérimentation qualifiée d'indirecte. Et dont le but est de traduire en modèle théorique, obtenu par extension de quelques traits essentiels, les faits d'analyse.

Dans cette étude sur les conflits de sorcellerie, la méthode comparative a notamment permis : une description des manifestations du phénomène ; une approche de la gestion du patrimoine culturel et des secrets liés au mysticisme ; et enfin l'explication par analyse des similitudes et des dissemblances, entre objectifs du Droit pénal et de pratiques coutumières, du comportement des individus.

4.3. Le structuralisme

Comme présenté par Alain Sissoko, (1996)[72], le structuralisme a pour champ d'application tout ce qui offre un « caractère de système ». Claude Levy-Strauss, (2003)[73], fondateur de cette approche, insiste : aucun élément ne peut être modifié ou supprimé sans que cela n'entraîne une modification de l'ensemble. La démarche structuraliste consiste alors à expliquer un phénomène à partir de la place

---

72 **Alain Sissoko** (1996), *Comment développer la criminologie ?,* Abidjan. EDUCI,

73 **Claude Levy-Strauss** (2003) : *Anthropologie structurale*, Paris, Plon, Collection Pocket, 480 p.

qu'il occupe au sein du système dans lequel il est inséré, suivant des lois d'association et de dissociation supposées immuables. Le structuralisme privilégie donc par principe, l'approche « synchronique » – basée sur la coexistence d'éléments présents au sein d'un même ensemble à un même moment du temps et qui en fournit l'intelligibilité – au détriment de l'approche « diachronique » – dans laquelle la recherche de la genèse ou de l'histoire de chaque élément pris isolement est privilégiée.

Partant, le structuralisme, comme démarche, consiste à découvrir une situation. À établir une cohérence interne, une permanence dans le temps entre ses éléments constituants. Cette démarche a permis de cerner des unités sociales (tribunal coutumier, justice moderne) impliquées dans les questions de sorcellerie et leur mode de gestion des conflits subséquents. On s'est particulièrement intéressé, ce faisant, à la nature des rapports entre les structures locales existantes afin d'en évaluer la réalité, l'expression et l'efficacité.

Toutes ces méthodes ont été utilisées conjointement, triangulairement, dans le but de décrire au mieux le phénomène étudié ainsi que les fondements anthropologiques et judiciaires des conflits qui en découlent. Et leurs modes de gestion.

V. Outils de recueil des données

Selon Madeleine Grawitz, (1986), les techniques sont des « *... étapes d'opérations limitées ou liées à des éléments pratiques, concrets adaptés à un but spécifique.* » Elles concernent dans notre cas, on l'aura deviné, l'observation et l'entretien.

5.1. L'observation

Selon le Dictionnaire de Sociologie, publié sous la direction de Raymond Boudon, (1999)[74], l'observation est une technique qui consiste en la « ... *constatation d'un fait à l'aide de moyens d'investigation appropriées. Elle pourra être directe ou indirecte, qualitative ou quantitative, effectuée sur le terrain ou en laboratoire.* ». L'on a opté dans cette recherche pour l'observation directe, regroupant « observations flottantes » et « » intégrées », de même que pour l'observation dite « qualitative » effectuée par recueils directs de données sur le terrain.

Au cours des explorations quotidiennes sur le terrain, « observations flottantes » et « participante » ont été induites par les échanges avec les enquêtés ainsi que par la participation à certains rituels. Une précision toutefois : l'observation participante se différencie de l'observation directe bien qu'elle en soit une variante.

L'observation « intégrée », parce que les us et valeurs locales étaient également ceux de l'enquêteur, s'est relativement bien passée. Elle a même fini par devenir pour lui un schème habituel au cours des échanges, entrainant toute entrée en relation d'une forme, imperceptible pour les observateurs, de distanciation subtile, mais néanmoins nécessaire à la collecte de données. Profiter de l'instant présent, consistait à la fois à éteindre nos besoins affectifs au sein de la communauté et, par un certain retrait, à s'en dégager suffisamment pour en retenir les exploits avant que de les retranscrire ultérieurement. L'attitude adoptée a donc été celle d'une fausse naïveté. Vue ainsi, l'observation dite « participante » a d'emblée semblé plus indulgente et riche ; avec elle, le chercheur ne faisait qu'un avec son objet et ses techniques.

---

74 **Raymond Boudon et al.** (1999) : *Dictionnaire de Sociologie*, Paris, Les référents Larousse.

Reste, dans le recours à l'observation participante, que Jeanne Favret Saada (2009)[75] a initialement établi un « périmètre de sécurité » à ne pas franchir : appliquer cette technique en travaillant sur son lieu de résidence, et, à fortiori, dans sa ville d'origine. Aussi nous a-t-il fallu, eu égard à notre étiquette de « jeune cadre », veiller à adopter des attitudes scrupuleusement conformes aux attentes du milieu, et à ne pas « forcer le trait » en tentant par exemple et coûte que coûte à participer à des entreprises contraignantes physiquement – tel le port de cercueil censé désigner l'auteur d'un crime – alors même que notre état de santé est notoirement connu comme fragile.

De façon générale, et afin de ne pas opter pour un changement de terrain d'étude qui ruinerait les résultats acquis lors des investigations antérieures, il a fallu demeurer, avec constance, dans l'observance d'une attention soutenue, rigoureuse, voire sourcilleuse, en même temps que participante et décontractée.

Dans un premier temps, les faits d'observation ont porté sur des procès en sorcellerie relevant tant des tribunaux coutumiers que, pour certains d'entre eux, des juridictions modernes. Les discours, parlés ou non, ont été suivis avec attention pour être par la suite retranscrits. Lors de certaines cérémonies traditionnelles ensuite, il a même été possible de recourir à des techniques audiovisuelles permettant l'enregistrement et la transmission des images et des sons. Certains de ces enregistrements filmés ont été aussi réalisés, au cours de l'enquête, par l'équipe de reportage de CALDCS.

Dans un temps second, l'intérêt s'est porté sur les conflits liés à la sorcellerie, eux aussi ritualisés. Cela commençait par une étape importante : la décision d'interroger le mort. Qui était suivi par le retrait de fétiches et autres « canaris-poisons » du sous-sol de cuisines, de salons ou de la cour de la

---

[75] **Jeanne Favret**-Saada (2009) : De*sorceler, Paris,* Éditions de l'Olivier, Collection « Penser/Rêver », 172 p

maisonnée. Avant que n'advienne l'étape relative à la décision ayant trait au sort à envisager pour le coupable ainsi démasqué.

Dans un troisième temps, l'on a pu, grâce à cette technique d'investigation, observer « *in situ* » des éléments caractéristiques de l'ambiance et du travail prévalant chez des tradipraticiens. Travail au « bois sacré », rituels de possession – et de purification, ont marqué cette expérience du terrain. Avec une certaine relativité toutefois. Car tout ne se montre pas à voir au non-initié, fut-il enfant du terroir. Et tout, on pense ici notamment à l'expérience du poison, ne saurait emporter sans risque l'adhésion naïve du chercheur. Par contre, l'accès à une panoplie d'herbes médicinales et à l'explication de leurs effets spécifiques sur le cops humain a été possible.

5.2. L'entretien directif

Au niveau de l'enquête-interrogation, l'on a utilisé une technique d'interrogation systématique, ayant pour but d'obtenir des informations auprès des acteurs en situation. L'entretien a été une technique privilégiée, puisqu'utile dans la sélection quotidienne de sujets susceptibles de respecter la composition de l'échantillon.

Ici, les sujets sélectionnés avaient la possibilité de se prononcer sur le phénomène étudié lors d'entretiens ou interviews. Le choix a été porté pour l'essentiel, mais pas seulement, sur les entretiens dirigés (détaillés et donc conçus comme des questionnaires) et armés pour certains. Pour quatre raisons ; permettre l'investigation d'un échantillon important comportant 500 sujets, dans un temps relativement convenable ; étoiler l'enquête sur un nombre diversifié de sujets liés à l'objet de recherche ; apprécier le point de vue des populations enquêtées tout en les soumettant à un outil rigoureux de collecte de données ; permettre la reformulation des questions, si nécessaire, eut égard au faible niveau d'alphabétisation d'une frange importante de la population cible. Ainsi que le soulignent à ce propos Luc Van Campenhoudt, Jacques Marquet et Raymond Quivy (2017)[76], choisir l'entretien au détriment du questionnaire n'est pas neutre ; car les méthodes d'entretien se distinguent par la mise en œuvre de processus fondamentaux de communication et d'interaction humaine. Ce type d'entretien s'est adossé à un guide d'entretien conçu au terme de la pré-enquête.

Deux types d'entretien ont été utilisés : l'entretien directif tout d'abord, et principalement : c'est l'administration directe du questionnaire dans un contexte d'entretien guidé par des questions préconçues. Le recueil des données a pu se faire par des prises de notes (bloc-notes) et/ou par des enregistrements sur bande magnétique. Ce type d'entretien a permis d'apprécier le point de vue des populations et ceux des autorités administratives, politiques et judiciaires. Les thèmes relatifs au « questionnaire » ont été diversifiés : Identification des enquêtés ; Attitudes des enquêtés face aux questions de sorcellerie ; Opinions des enquêtés sur les conflits de sorcellerie et Modes de gestion. L'entretien semi-directif secondairement : il s'agit d'une forme indirecte de l'administration du questionnaire qui a consisté à distribuer un guide d'entretien par « enquêté » et à repasser pour collecter les réponses aux questions posées. Il apparait évident que ces auto-questionnaires ont principalement été servis à des personnes lettrées, occupant de hautes fonctions administratives ou dans le secteur privé de l'économie, ayant donné leur accord et disposant de temps. Dans ce cadre ont été utilisées des questions fermées et ouvertes dans un souci d'approfondissement de la recherche et par une démarche de complémentarité entre types de réponses.

---

[76] **Luc Van Campenhoudt, Jacques Marquet et Raymond** Quivy (5e édition entièrement revue et augmentée 2017) : *Manuel de recherche en sciences sociales*, Paris, Dunod, Collection Sciences Humaines et sociales, 382 p.

Les thématiques abordées ont été les suivantes : Historiques des conflits de sorcellerie ; leurs modes de gestion ; procédures judiciaires en matière de sorcellerie et ; relations au sein des populations autour des problèmes liés à sorcellerie.

5.2.1. Les questions fermées

Ce type de question a visé à déterminer les caractéristiques sociodémographiques des enquêtés et à circonscrire leurs réponses par rapport à l'objet d'étude. Il se prête aisément en sus au dépouillement et à l'analyse statistique. Les réponses produites ont pu être réparties sans passer par des étapes d'analyse intermédiaire. Les questions elles-mêmes se comprenaient facilement et les enquêtés y répondaient avec aisance au moyen de croix à dessiner dans des cases prévues à cet effet. Ces questions enfin garantissaient un certain anonymat et ont servi de questions-filtres permettant des répartitions ultérieures de catégories de répondants, puisqu'elles évitaient d'obtenir des informations nuancées correspondant à des attitudes profondes. Leur champ d'application se limite donc au recueil de caractéristiques objectives, ainsi que de données « facilement avouables » permettant de discriminer les répondants, (Pierre Paillé et Alex Mucchielli, 2012)[77].

5.2.2. Les questions ouvertes et semi-ouvertes

L'utilisation de telles questions ouvertes a l'avantage d'offrir des réponses d'une certaine richesse au niveau de leur contenu parce que l'enquêté a la latitude de réfléchir et de répondre librement. On lui réserve dans le questionnaire, un emplacement suffisant pour que sa réponse puisse être enregistrée en son entier. Celles-ci s'avèrent indispensables

[77] **Pierre Paillé et Alex Mucchielli** (2012) : *L'analyse qualitative en sciences humaines et sociales*, Paris, Armand Colin, Collection U, 424 p.

pour recueillir des renseignements et des données nuancées reflétant l'état d'esprit de répondants au sujet de problèmes délicats.

Quant aux questions semi-ouvertes (ou semi-fermées), leur utilisation s'impose lorsqu'on ne peut raisonnablement prévoir toutes les possibilités de réponses dans un corpus de questions fermées. Si elles contribuent bien à faciliter le dépouillement, puisqu'un grand nombre de réponses sont prévisibles, elles possèdent néanmoins un biais méthodologique ; que des sujets y répondent sous influence des réponses données aux questions précédentes (afin de demeurer congruents avec eux-mêmes), ou qu'ils y répondent comme ils pensent que cela est attendu de la part de l'enquêteur. Qu'il s'agisse de biais de confirmation, d'effets de halo ou de biais de soumission au groupe, ces effets sur les réponses ont été directement intégrés dans le processus d'analyse des données afin d'en minimiser l'impact sur la formulation définitive de nos résultats d'enquête.

La formulation des questions ouvertes ou semi-ouvertes demeure une entreprise délicate : celles-ci doivent en effet être aisément comprises et ne comporter aucune ambiguïté ou contresens. Leur dépouillement en outre est autrement plus complexe que lorsqu'il s'agit de questions fermées, car il s'agit d'appliquer des méthodes d'analyse de discours aux réponses obtenues. Enfin, elles peuvent favoriser des réponses biaisées parce que les enquêtés ont parfois trop tendance à aborder des sujets ou des attentes se situant à la périphérie de l'objet d'enquête.

5.2.3. Palette des enquêtes au moyen de l'entretien directif

En dehors des thématiques générales présentées ci-dessus, à savoir : Identification des enquêtés ; attitudes des enquêtés face aux questions de sorcellerie ; opinions des enquêtés sur les conflits de sorcellerie et Modes de gestion ; historiques des conflits de sorcellerie ; leurs modes de gestion ; procédures judiciaires en matière de sorcellerie et ; relations au sein des populations autour des problèmes liés à sorcellerie, deux autres types d'enquêtes ont été intégrés aux entretiens. Ces éléments additionnels ont porté sur l'enquête de victimisation et le sondage d'opinion. Ils ont concerné certaines catégories spécifiques de la population interrogée. Il s'est agi pour les enquêtes de victimisation des personnes se présentant comme victimes de sorcellerie et de témoins de telles pratiques, et pour le sondage d'opinion des notables et autres personnes âgées, des jeunes ruraux et des jeunes cadres employés dans les secteurs privé et public.

5.2.4. Enquête de victimisation

Elle a consisté à interroger un groupe de personnes sur les infractions dont elles auraient été victimes. Reposant sur les témoignages de victimes, remplacées en cas d'indisponibilité (voyages, déménagements ou décès) par des témoins, directs ou non, elle poursuivait une finalité double : connaître le volume et la structure de la criminalité culturelle réelle ; savoir le sort réservé à ce type d'affaires : signalement aux forces de sécurité, à la justice et sinon les motifs de ce non-signalement. Cette enquête a donc un objectif de sociologie pénale et non de criminologie véritable, car elle s'intéresse davantage aux plaignants en tant que catégorie sociologique qu'aux victimes comme catégorie criminologique.

5.2.4.1. Sondage d'opinion sur le sentiment d'insécurité

Par ce sondage, il s'est agi de mesurer la criminalité dite culturelle à partir de l'attitude du public. On s'est intéressé d'une part à la relation de causalité potentielle entre sentiment d'insécurité et évolution de la criminalité mystique. Et d'autre part à l'image de la sorcellerie attribuée au public par le biais des médias. La question de fond posée était celle-ci : est-il évident que ce sentiment soit tributaire du niveau et des tendances réelles d'évolution de la criminalité dite culturelle ? Ou faudrait-il la mettre en lien au rôle possible des médias dans la fabrication de stéréotypes sur le sujet ?

VI. Méthodes et techniques d'analyse des données

Les données ont été analysées aussi bien qualitativement que quantitativement.

6.1. Analyse qualitative

L'analyse qualitative permet de cerner le sujet d'étude à travers la description des comportements. Aussi, dans une première rubrique amenée comme « Analyse de contenu des discours », avons-nous opté pour la reproduction intégrale des discours et témoignages – avant analyse. Cette méthode permet le recensement de tout discours recueilli (témoignages, avis, opinions…) puis l'exploration des données relatives à 1. L'organisation sociale des Dida ; 2. L'historique des conflits liés aux pratiques de la sorcellerie ; 3. L'opinion des populations en rapport au phénomène. Et 4. Les solutions préconisées. Analyse de contenu et phénoménologie constituent les deux techniques utilisées.

6.1.1. Analyse de contenu

Après ce recensement, l'analyse de contenu proprement dite qui vient secondairement permet de cerner la signification de chaque texte retranscrit. Il s'agit alors d'effectuer un travail dit de « construction » (Bernard Berelson, 1952)[78].

---

[78] **Bernard Berelson** (1952) : Content analysis in communication research. Free Press, cité par **Moon Torbey** (2013) : *Le parrainage : un outil d'insertion professionnelle, l'exemple de Disneyland Paris et les jeunes diplômés de « nos quartiers ont des talents »*, IAE Gustave Eiffeil - Master 2 Gestion des ressources humaines internationales 2013, Mémoire online disponible sur l'url : ttps://www.memoireonline.com/05/19/10795/m_Le-

« *L'analyse de contenu, dit cet auteur, est une technique de recherche pour la description objective, systématique et quantitative du contenu manifeste des communications ayant pour but de les interpréter.* » Techniquement parlant, le procédé est linéaire : le texte sera découpé en unités de signification (mot, phrase, paragraphe), et ces unités seront classées dans des catégories lexicales, sémantiques ou syntaxiques strictement définies. Ces catégories seront exhaustives, homogènes, exclusives l'une de l'autre ; elles feront l'objet d'un traitement statistique. De la sorte, deux chercheurs travaillant sur le même texte devraient en principe parvenir au même résultat.

Le choix d'une telle technique présente des avantages : étude détaillée des contenus de documents ; et, dit Omar Aktouf (1987)[79], mise en évidence des significations, associations, intentions… non directement perceptibles à la simple lecture des documents. Mais également des inconvénients : pauvreté du langage logico-mathématique pour rendre compte de la richesse des usages de la langue et de ses significations. Sans lui cependant, l'analyse de contenu se condamne bien souvent dans une perspective structuraliste à n'être qu'un métalangage paraphrasant le texte étudié à l'infini, sans autre critère de validité que son exhaustivité et sa cohérence interne.

C'est pourquoi l'on s'est orienté, malgré la mise à disposition d'algorithmes informatiques, vers une « autopsie verbale », avec pour principal axe la description objective, systématique et quantitative du contenu manifeste des communications avant toute interprétation. Et c'est pourquoi aussi, tous les documents (archives judiciaires sur les

---

parrainage--un-outil-d-insertion-professionnelle-l-exemple-de-Disneyland-Paris-et-les-jeunes-di33.html#toc60

[79] **Omar Aktouf** (1987) : *Méthodologie des sciences sociales et approche qualitative des organisations. Une introduction à la démarche classique et une critique*, Montréal, Les Presses de l'Université du Québec, 213 p.

questions de sorcellerie – décisions de justice, formulaires, rapports, dossiers et autres – ; interviews ; réponses aux questionnaires ; comptes rendus des co-équipiers – « voyant intellectuel » et journaliste – ; discours ; témoignages…) ont été retranscrits en écrits. Puis analysés de façon systématisée. L'analyse a tenu compte des contextes d'actions et de situations que sont les mots agencés dans un discours signifiant. Enfin, l'exégèse et la dissection interprétative ne suffisant pas à rendre tout le sous-jacent, l'implicite, sur des bases autres que seulement subjectives et approximatives, a aussi été intégré dans l'analyse afin de combler toute éventuelle insuffisance. Par cette démarche, plutôt que la mesure ou la fréquence du nombre d'unités, comme le préconise Omar Aktouf, (*Ibid.*), l'on s'est focalisé sur le contenu non directement perceptible, le latent derrière le manifeste ou le littéral, en accordant un intérêt particulier aux thèmes, mots ou concepts utilisés, ainsi qu'à leur originalité et à leur poids sémantique par rapport au contexte.

Ni analyse de contenu d'exploration, quantitative, ni analyse directe de discours, la technique s'est voulue être une analyse de contenu de vérification. Celle-ci est de nature à la fois qualitative et indirecte. Elle ne vise point l'exploration de contenus de domaines, de possibilités, ni d'hypothèses, mais l'approfondissement de résultats obtenus antérieurement, les années académiques précédentes. Il n'a pas non plus été question d'établir des fréquences à comparer par la suite, et encore moins de prendre au sens littéral la signification des propos et discours. Il s'est plutôt agi d'aller au-delà du sens manifeste pour vérifier le réalisme, le bien-fondé, le degré de validité des hypothèses formulées afin d'atteindre les objectifs de recherche établis.

6.1.2. Phénoménologie

À côté de l'analyse de contenu des discours, il a été fait appel à la phénoménologie. Moins qu'une technique, la phénoménologie se prend avant tout comme méthode, démarche, état d'esprit, servant à orienter le travail d'intellectualité du chercheur face à production des sujets interrogés.

L'on distingue en philosophie deux sources de connaissances du monde : la science et la religion. La première a donné naissance à une connaissance mesurable et objectivable des phénomènes, se traduisant dans des préceptes que l'on nomme positivistes. La seconde a davantage insisté sur le sens que chacun accorde à son action, donnant naissance à une connaissance qualitative et subjective des phénomènes humains. Cette démarche seconde est qualifiée de phénoménologique.

La phénoménologie sociale est l'analyse descriptive et compréhensive de l'action, et est préoccupée du sens que les individus donnent à celle-ci dans leur vie quotidienne. Les partisans de cette méthode soutiennent que les phénomènes n'apparaissent pas aux acteurs puisqu'ils les vivent. Elle accorde donc l'importance à l'interprétation que le sujet voudra ultérieurement donner à ce vécu. Le chercheur, dans cette perspective, doit dès lors, porter ses observations sur l'expérience vécue par les sujets et en extraire les caractères les plus significatifs. Il doit découvrir grâce à la réflexion ce qui, dans un phénomène, demeure essentiel.

6.2. Analyse quantitative

L'on a songé, dès le départ, à une étude monographique en vue d'appréhender l'ampleur du phénomène à Divo. La grandeur de l'échantillon (500 sujets) militait amplement pour ce choix.

Pour comprendre le lien entre la criminalité et les pratiques de sorcellerie, l'approche monographique s'est en effet avérée extrêmement féconde. Définie comme étude en profondeur d'un phénomène particulier, celle-ci, telle qu'utilisée dans ce travail, s'est caractérisée dans son principe par un ensemble de critères essentiels : référence à une perspective théorique claire ; multiplicité établie des sources d'informations ; caractère non directif et non limitatif des entrevues ; usage d'informateurs-clés ; suivi des évolutions par le retour fréquent aux milieux étudiés ; observation directe et utilisation d'une grille détaillée de collecte des données.

Cette dernière représente un instrument indispensable dans l'étude monographique. Elle a en effet l'avantage de pouvoir englober toutes les dimensions du phénomène, qu'il s'agisse des acteurs sociaux, de leurs relations intra-lignagères et de leur niveau culturel, que de la gestion des conflits en milieu rural et de l'organisation du social et de ses rites. Elle s'attarde en outre à décrire les différentes composantes des changements sociaux et de la modernisation intervenant dans le milieu investigué. Enfin, et grâce à elle, chaque dimension du phénomène a été décomposée en différents éléments pour lesquels ont été posées des questions particulières, proposées des indicateurs de mesure et précisées les sources d'informations. En plus de rendre opérationnels les concepts utilisés, la grille de collecte des données a ainsi assuré une certaine exhaustivité à l'étude, de même qu'une plus grande possibilité de comparaison. Quant à sa fiabilité, celle-ci repose sur la précision de ses procédures et des sources d'informations utilisées.

En définitive, études quantitative et qualitative sont des méthodes complémentaires que l'on a associées dans cette recherche. Afin obtenir des résultats à la fois détaillés et à large portée. L'on a tiré parti de chacune d'entre elles, tout en respectant les spécificités métrologiques et éthiques qui leur sont propres.

Chapitre III.
Résultats

I. Les auteurs de pratiques de sorcellerie ou « sorciers »

Il existe plusieurs possibilités de classification des sorciers. Selon le critère sociodémographique retenu, la culture régionale, les fonctions, etc., on aboutirait à diverses distinctions pour décrire le même objet social. Les propositions de classifications présentées ci-dessous ne se veulent pas exhaustives. Elles sont purement opératoires et tiennent compte de l'analyse du discours des enquêtés afin de mieux cerner leurs opinions sur le sujet de la sorcellerie. Deux types de classification apparaitront ici ; l'un basé sur la conception du sorcier par les jeunes ruraux interrogés, l'autre sur ses capacités et pouvoirs de métamorphoses décrits par les tradipraticiens investigués eux-mêmes.

1.1. Classification conceptuelle

Quand on analyse les explications des enquêtés, les « sorciers » se subdiviseraient en deux (2) grands groupes : celui des « sorciers majeurs », « prédateurs spirituels et psychiques », que l'on pourrait qualifiés de « sorciers des sabbats nocturnes », et celui des « sorciers mineurs », « empoisonneurs et jeteurs de sorts », qu'il serait possible de considérer comme « sorciers terroristes » ou « diurnes » ».

1.1.1. Les sorciers « majeurs »

Les sorciers prédateurs spirituels et psychiques, sorciers des sabbats nocturnes ou sorciers « majeurs », répondent au mythe originel lié à l'étymologie même du mot sorcier : diseur de sorts, magicien, employé par le Diable (Satan), ou encore serviteur du Diable. Il s'agit d'un être humain chargé d'énergies « négatives » et dont les maléfices inspirent la méfiance et la peur. Il est socialement étiqueté, puisque considéré comme dangereux et habité par l'esprit du mal.

En lui, tout est orienté vers la nuisance, la jalousie, la haine. Et par lui, des forces surnaturelles, innées ou acquises, visent le meurtre, la destruction, le frein à tout élan de progrès, la désolation, la ruine des congénères et le désespoir.

Possédé par un esprit démoniaque, esprit qui l'emmène ici et ailleurs, allumer le feu et attiser des foyers de tension, il jouit de et pour un chaos auto-entretenu qui fait sens à ses yeux, assimilant les oripeaux funestes de ses destructions à une conquête, celle des âmes des innocents. Il fait du mal sans raison, se montre inutilement méchant. Et constitue l'équivalent ou l'incarnation sur Terre du Diable dans toute sa plénitude d'être démoniaque.

À y voir, il s'agit au sens propre chez les personnes interviewées du sorcier prétendument « mangeur d'âmes » ; assimilable en Occident au vampire ou à certains types de fantômes. Comme tel, cet être anthropophagique et familial opère par l'entremise de canaux immatériels, fluidiques et/ou « éthériques », plus exhaustivement astraux, spirituels, psychiques, fluidiques, énergétiques ou par des « ondes ». Et l'on en voit trace dans les obsessions spécifiques, de nature fantomatique. Ou quand apparaissent des hantises spirituelles consacrant notamment les phénomènes de maisons hantées. Deux autres types de phénomènes seraient à mettre à son actif. Celui dit d'incubât ; apparition durant la période du rêve nocturne d'un partenaire sexuel masculin appelé dans le langage populaire ivoirien « mari de nuit ». Et celui dit de sucubât (quand il s'agit d'une « femme de nuit »).

Les sorciers « prédateurs » sont décrits comme participant à de mystérieuses assemblées nocturnes leur servant de lieu d'initiation aux techniques occultes de nuisance. C'est par la technique du « dédoublement » ou lycanthropie par exemple (consistant à « sortir » le corps astral du corps physique) qu'ils opéreraient à distance sur des victimes parfois très éloignées. Et par celle de la « métamorphose » en animaux de toutes sortes qu'ils seraient en mesure d'attaquer certaines cibles en toute impunité. Mais à leurs risques et périls dans ce cas. Leurs actes enfin, pour être détectés, et eux neutralisés, subodorent que l'on s'adresse à un praticien, lui aussi doté de « pouvoirs » mystiques (voyance, magnétisme, dédoublement, action à distance sans contact physique, etc.), appartenant au même registre de l'univers occulte.

1.1.2. Les sorciers « mineurs »

Contrairement aux précédents, ces sorciers dits « terroristes » ou « mineurs » seraient plus aisément détectables. Proches du commun par un usage d'instruments matériels objectivement perceptibles tels que les poisons et les sortilèges, ils ne participent qu'épisodiquement aux assemblées nocturnes ; certaines confréries initiatiques opérant le jour leur offrant le cadre idéal pour s'instruire et s'entrainer. Cette catégorie regroupe les adeptes de l'empoisonnement, des jets de sorts et de l'envoûtement.

Ces croyances, pour les personnes interviewées, ne n'en sont pas. Elles y voient, bien au contraire, un aspect du réel, leur imaginaire embrassant mondes réel et spirituel dans une idéologie culturelle postulant un lien de causalité appris et vécu comme tel entre actions de l'invisible et effets sur le visible.

1.2. Classification fonctionnelle

L'on doit ce type de sériation aux tradipraticiens des régions investiguées. Autant, disent-ils, que la sorcellerie serait comme un arbre de connaissance habité de multiples branches, autant existeraient différents types de sorciers et de spécialités. Ainsi pourrait-on distinguer entre autres parmi eux les « sorciers-chiens », les « sorciers-chats », les « sorciers-éperviers », ou encore « les sorciers-hiboux ».

Le principe de base soutenant toute activité mystique est celui de l'existence d'un monde parallèle. Certains physiciens modernes soutiennent une hypothèse apparentée ; soit que le monde visible constitue une interface dirigée par des êtres extérieurs à notre planète, soit que par nature existe dans le cosmos un monde parallèle se rapportant en tout point au nôtre. Par analogie, ce principe est repris ici ; tout être vivant (homme et animal) étant censé dégagé un « fluide » (une sorte d'entité émanant de lui et constituée uniquement d'énergie) fondateur de son double du monde parallèle. Attaquer l'autre, revient à s'en prendre à son double fluidique, que ce soit par une sorte de confrontation directe entre doubles humains, ou par une attaque indirecte par l'intermédiaire d'un double d'animal capturé par le sorcier par nécessité « professionnelle ». On parle alors de « métamorphose » de l'homme en bête, ce qui implique au préalable la possibilité pour le sorcier de « sortir » de son corps astral pour en acquérir momentanément un autre – le temps de l'attaque : c'est le phénomène de la lycanthropie. Les animaux ont donc toute leur importance dans cette cosmographie guerrière et malfaisante à visée métaphoriquement cannibalique.

L'un de nos enquêtés raconte : *« Parti à la chasse, je fus attaqué dans la forêt par une panthère. Je pus m'échapper et réussis même à lui couper une patte. De retour au village, bredouille, que ne fut ma surprise de constater que la patte de l'animal était devenue une main de femme, ornée de la bague de mon épouse ! J'appelais cette dernière encore dans la maison ; elle apparut, le bras dissimulé sous un morceau de pagne que je lui ôtais vivement : il était atrocement mutilé. L'évidence était là : c'est ma femme qui s'était transformée en panthère pour m'attaquer dans la forêt ! » « Sa mutilation en était la preuve... »*, conclut-il. Superstition ? Légende ?

Plusieurs de nos enquêtés ont convoqué ce phénomène de la métamorphose dans leurs récits. Il est aussi convenu chez eux de considérer que les sorciers utilisent, plus que tout, les chats de couleur noire, pour leurs métamorphoses. Et il est aussi admis qu'une fois blessés, ils reprennent leur apparence première. Le corps astral animal servirait ainsi de réceptacle ponctuel à celui du sorcier désireux d'accomplir un méfait en toute impunité.

Toutefois, les différents types de sorciers ne se transforment pas forcément en ces animaux, au moyen du principe de métamorphose par le double astral. Ils sont notamment qualifiés tels du fait d'une manière d'être et de faire qui dénote de similitudes avec l'animal auquel ils s'identifient. Plus que de traits physiques, c'est de la « personnalité » du sorcier, laquelle se rapprocherait de celle de l'animal de référence, qu'il s'agit ici ; lycanthropie et métamorphose n'étant que des pratiques extrêmes réservées à quelques-uns.

1.2.1. Les « sorciers-chiens »

Cette catégorie d'individus se veut être, comme le chien, un symbole de la gourmandise anthropophagique ; ces sujets auraient un appétit insatiable et ne dédaigneraient aucune nourriture, quel qu'en fuse la provenance. Le sorcier-chien serait donc celui-là même qui voudrait et pourrait attaquer toute proie (toute sorte d'âme), facile ou non à détruire.

On reconnaît facilement les sorciers-chiens, selon les tradipraticiens-voyants, car ils seraient les premiers à se manifester dans un village ou une confrérie par leur manque de discrétion et leur voracité. « *Ils sont très agités, très "» euphoriques" » ; ils sont impliqués dans la plupart des actes de sorcellerie. Ils sont toujours prêts à tester leurs armes occultes contre toute personne (voyante ou non ; magnétisée ou sans magnétisme) ; c'est pourquoi on doit être toujours près ; parce qu'ils peuvent agir partout et en tout temps.* », explique le voyant Akadji André. Une autre caractéristique ; « *Ces sorciers-là se tuent ou meurent facilement, plus que les autres en tout cas...* », ajoute l'enquêté. Pourquoi ? Parce que, tous les tradipraticiens interrogés semblent unanimes là-dessus, leurs agissements seraient faits de précipitation, d'excitation puis parfois de regrets. Sans pouvoir asseoir de contrôle sur leurs agissements, ces personnes passeraient à l'acte, mues par un désir irrépressible, frisant la bravade.

1.2.2. Les « sorciers-chats »

Le chat dans ces contrées est considéré comme le symbole tout à la fois de la ruse, du flou et du non percevable. C'est pourquoi existerait une grande difficulté à détecter puis appréhender les sorciers auréolés de son nom. Dans la confrérie ou la localité, peu arriveraient à en affirmer la présence, malgré une redoutable efficacité de sa part. Prédateur, mais ne dédaignant pas la proie capturée par d'autres, il est aussi un meneur quand il le faut, notamment quand il est découvert, tant la crainte qu'il inspire est forte.

Certains sorciers-chats se font également mercenaires ; c'est-à-dire se louent ponctuellement aux diverses confréries confrontées aux difficultés de la « chasse ».

Avec le sorcier-chat, l'attaque en sorcellerie se fait patiente, lente, persévérante et rusée, à l'image de l'animal. Il s'agit d'une sorcellerie dispendieuse en temps, mais fatale quand le coup est porté ; nul moyen d'y échapper. Il s'agit enfin d'une sorcellerie discrète, insoupçonnable, à l'emprunte imperceptible et dont l'auteur se laisse très rarement identifié. Le sorcier-chat, professionnel de la criminalité occulte, va même parfois jusqu'au meurtre de la progéniture d'un membre de la confrérie, sans crainte d'être appréhendé, et sans nul affect pour tout autre congénère innocent dans l'affaire, mais qui se ferait accuser à tord du crime commis.

Le sorcier-chat enfin est un espion idéal. Maniant la discrétion et l'efficacité comme aucun autre ne le saurait faire, c'est lui, comme « mercenaire » ou membre volontaire d'une confrérie, qui effectue au mieux toute mission d'infiltration dans des confréries concurrentes, ou des groupes de personnes dans lesquels vivent une ou plusieurs âmes-cibles. Précautionneux, il mange le dernier sa part d'âme tuée ; attendant que toute enquête, coutumière ou judiciaire lancée suite à un décès suspect, soit d'abord vidée, avant de jouir de son butin. Il ne se précipite pas.

1.2.3. Les « sorciers-éperviers »

Comme on le devine, ce type de qualificatif décrit le « chasseur » de la confrérie. Il est réputé diriger ou assurer – par les airs – le transport des âmes capturées lorsque se présentent des « embuscades terrestres ». C'est le voleur d'âmes, au sens littéral du mot ; qui peut même « voler » une âme « enchaînée » issue ou non de sa confrérie d'origine.

1.2.4. Les « sorciers-hiboux »

À l'image du hibou et de son radar, le sorcier-hibou est spécialisé dans la détection et le repérage des âmes convoitées. Et de toute éventuelle embûche pouvant nuire au transport d'une âme capturée. Sa fonction habituelle est d'être le gardien et l'éclaireur des membres de sa confrérie ; il veille également sur les âmes captives.

1.2.5. Les « sorciers-dragons »

Il n'existe pas à proprement parler de « sorcier-dragon ». Seulement des traits de caractère se rapportant à cet animal mythique et pouvant nicher au sein de la personnalité de n'importe lequel des membres d'une confrérie. De tels traits sont : la monstruosité, la sauvagerie extrême, la barbarie et la criminalité occulte par plaisir. Et font souvent de leur détenteur, très souvent également muni du pouvoir de métamorphose, un être considéré par ses pairs comme un instrument idéal pour accomplir des actes peu ragoutants et qui nécessitent une extrême violence.

1.2.6. Les « sorciers sous-couvert »

On appelle sorcier sous-couvert le pratiquant malveillant de l'occultisme disposant d'un siège au sein de la confrérie et « sous le couvert » de qui d'autres sorciers opèrent, lui apportant une partie du fruit de leurs méfaits. Il s'agit sans doute ici d'une traduction imparfaite en langue française du concept de seigneur ou plus prosaïquement de leader, de chef ou de mentor ; personne disposant d'une autorité et ayant à son emploi d'autres membres au sein de la confrérie (des cadets) dont il s'assure du contrôle et de la formation en échange de rétributions en nature. Sa responsabilité va plus loin encore, car c'est à lui que revient le devoir de se faire dévoiler à la place de ses cadets lors de l'interrogatoire d'un mort susceptible de mener à leur identification. Il est donc également leur protecteur. Et s'il lui arrivait de mourir, la confrérie leur en assignerait un autre ; dans le but évident de protéger les jeunes générations.

1.3. Caractéristique sociodémographiques des « sorciers »

Il existerait des traits, physiques, psychiques et sociaux, qui permettraient à tout individu de reconnaître par simple observation, par intuition donc, un sorcier. Ceux-ci sont variables selon les localités. Mais demeurent assez cohérents pour que nous puissions en dresser un tableau commun aux différentes aires de la région soumises à investigation.

Pris globalement, le sorcier est une personne d'âge avancé, de revenu faible ou moyen, doté d'yeux rouges et larmoyants et qui présenterait une difformité. Ces traits peuvent paraître péjoratifs. Ils ont été extraits des réponses des tradi-praticiens « chasseurs » de sorciers, ou « contre-sorciers » dont l'objectivité interroge. Mais ils semblent avoir une signification.

En effet, ils semblent traduire cette opinion que le sorcier serait au désordre ce que la société serait à l'ordre. De sorte que par métamorphose, laideur physique et morale seraient associées pour traduire l'idée d'un caractère revendicatif, méchant et cachotier. Sur le plan scientifique, on retrouve cette prémonition sociale construire chez Cesare Lombroso, lequel par son concept d'atavisme (inné), décrivait un ensemble de criminels empiriquement identifiables par leurs malformations crâniennes. La question de l'inné et de l'acquis n'est pas abordée ici et semble dépasser le cadre de réflexion de nos enquêtés qui s'en tiennent aux faits, selon eux. Reste que pour eux, la laideur physique et la pauvreté – symboles de déchéance et de désordre corporel – constituerait dans ce contexte une clé intuitive pour décrypter des formes multiples de perversité et de mal au plan social.

Le sorcier porterait sur lui des stigmates de la laideur, du mal et de la malveillance qu'il incarne. Ainsi que de la sournoiserie, puisque sous les traits d'un vieillard apparemment inoffensif pourrait se dissimuler un incalculable pouvoir de nuisance. Cette description s'apparente également à une mise en acte du mysticisme social voulant faire du sorcier un être de magie dans le réel, à déconstruire pour répondre aux angoisses des populations. Et elle indique surtout comment se joue une lutte d'influence pour capter la légitimité populaire et se faire bien voir par des autorités, de la part d'acteurs désireux de ne pas être confondus avec leurs congénères opposés au sein du couple « sorciers/contre sucriers ».

Au pan statistique, les traits bio-psychosociologiques des personnes dites sorcières se répartissent de la manière suivante selon les enquêtés :

Catégories sociales	% âgées
Des personnes au revenu faible	66.7 %
Des personnes au revenu moyen	26.7 %
Des personnes au revenu élevé	6.6 %
Total	**100 %**

Tableau 2 : Caractéristiques biopsychosociales des sorciers selon les tradipraticiens
Source : Données d'enquête

En termes psychosociaux, le revenu faible à moyen des sorciers pourrait indiquer l'existence de frustrations. À regarder les agissements du sorcier, ou prétendu tel, il ne s'agit point de cette méchanceté de l'enfant qui lui fournit l'occasion d'exprimer par des pleurs, cris et coups sa frustration. Ni de celle traduite sous forme de colères brusques et explosives de la personne souffrant d'un « trouble explosif intermittent ». Mais bien d'une colère rentrée, froide, autoentretenue, dont la frustration est un indicateur et la sorcellerie une excroissance que traduit un mode particulier de relation. Comme le disait Sénèque : « *La colère est un acide qui peut faire plus de mal au récipient qui le contient que ce sur quoi on le verse.* ».

Peut-être faut-il y voir un syndrome culturellement perçu de « méchanceté chronique » ? Le sorcier, adepte de l'endocannibalisme mystique, par ses aptitudes acquises et surtout l'usage qu'il en fait, semble en effet trahir une grande frustration intérieure ; il souffre d'indigence, vit souvent seul, peut se sentir stigmatisé par un physique ingrat, et au plan moral, a le jugement et la méchanceté faciles. Agressivité et frustration se mêlent chez lui pour amener à un désir de vengeance, de « rééquilibrage » des forces, permettant une nouvelle légitimité fondée sur un halo de mystère et de peur qui le protège. Le sorcier, par cette quête de spiritualité, se construit en réalité une identité avec laquelle devront compter les autres. Et même s'il se fait de temps à autre condamner, ces jugements étayés par des malheurs survenus au sein de la collectivité, renforcent en réalité son identité, lui redonnent ce respect dont, comme personne âgée, il ressentait vivement le manque et fournissent un sens à sa vie.

Plusieurs facteurs, pris isolement ou cumulativement, peuvent expliquer cette frustration. Et cette réaction consistant à vouloir ruiner ses pairs paysans. Le fait de se trouver soi-même dépourvu, incapable par sa faiblesse physique de subvenir maintenant et convenablement à ses besoins. Le fait aussi de ne disposer que de peu de parents – ou de pas du tout – à même d'apporter soutien et réconfort. Également, la situation peu enviable d'avoir été un chasseur ou un pêcheur fier, habituellement autonome, et de se sentir aujourd'hui handicapé par une vision trouble. Un autre exemple : avoir naguère exercé le travail de mineur, de forgeron ou de cordonnier, et se retrouver sans emploi, car incapable, du fait du vieillissement, d'accomplir ses tâches.

Aussi, peut-être faudrait-il plus justement voir dans la logique sorcière, une expression culturelle d'une psychopathologie de la personne adulte âgée. Une autre hypothèse pourrait s'ajouter à la précédente. On pourrit postuler, par cette tendance, l'existence d'une sorte de réaction adaptative identitaire, puisant dans l'éthos culturel, et permettant, au moins sur le plan de l'imaginaire, de faire face aux véritables maladies du vieillissement (psychose, dépression ou autres troubles névrotiques, troubles cardio-vasculaires, maladies d'origine neurodégénérative…), et au rejet social que cela entraine, de la part des plus jeunes, les plus nombreux dans la cité.

Les anciens paysans, qui parce qu'ayant cultivé et travaillé la terre, détiennent les secrets de la fertilité, les anciens forgerons, qui travaillaient au milieu des flammes de la forge, ce qui évoque l'enfer, les couturiers, qui ont touché de leurs mains de nombreuses victimes potentielles, les cordonniers qui furent en contact avec les empreintes des pieds, empreintes pouvant subir « l'enclouage »…, tout cela a un sens pour les membres de la communauté, et contribuent ainsi à fournir aux personnes esseulées considérées comme sorcières, une place d'individus certes rejetés, mais à craindre. Elles sont comptées au rang de ces personnes proches des âmes d'autrui, capables de les déceler et d'en exploiter les failles, pour elles-mêmes ou les membres de leur supposée confrérie.

II. Types de sorcellerie et ampleur du phénomène

Trois conséquences principales à l'acte de sorcellerie : la maladie physique, la maladie extrême, la plus grave (la folie), et la mort. Lorsque l'axe vertical de l'être est touché, son essence astrale, surviennent en effet « folie » et/ou mort, dit I. Sow, (*Ibid.*), morts psychique et physique décrivant deux états dont l'on ne revient pas. Une explication « mystique » à cela, mêlant références à l'Afrique Noire Traditionnelle et au bouddhisme, apparait chez nombre d'auteurs : la sorcellerie serait un acte opéré au moyen de la volonté et qui agirait sur les éléments fluidiques du plan astral. Ces éléments fluidiques seraient animés d'un mouvement vibratoire. Une fois « branché » sur la même vibration que l'axe vertical, le sorcier y opèrerait toute forme de perturbation de nature éthérique (ou fluidique) susceptible d'entrainer d'irréversibles dommages chez la victime. On le verra ensuite, existent également, au plan opératoire, de nombreuses techniques d'envoûtement tout à fait similaires au vaudou.

Selon les enquêtés tradipraticiens ou « contre-sorciers », la sorcellerie userait de rites et de formules magiques ; et ferait appel à deux modes principaux d'action : le vampirisme (afin d'« aspirer » la force « neurique[80] » ou vitale de la victime) et l'« obsession » (terme qui désigne ici le fait de faire le « siège » d'un individu afin d'asseoir sur lui une certaine emprise).

Comme on l'a relevé précédemment, les termes mis entre griffes sont souvent des traductions imparfaites, en français et par les locuteurs eux-mêmes, de mots et expressions issues de leur dialecte. Ainsi le mot « obsession » traduit plus l'idée d'emprise, terme savant, que celle d'obsession, terme galvaudé et se rapportant à l'origine à une catégorie de maladie mentale ou à une certaine disposition d'esprit. De même, celui de vampire est sans nul doute issu de la filmographie populaire ; le mot vampire, ou l'animal mythique défini par ce lexème, n'existant pas en réalité dans la langue locale.

Reste que l'on pourra surtout retenir, d'après les enquêtés (tradipraticiens et jeunes ruraux), une estimation empirique sur la panoplie, la diversité des formes de la sorcellerie, telle que pratiquée dans leur localité, selon eux.

2.1. Le cannibalisme « astral »[81]

On parle également au sujet de ces mangeurs d'âmes de vampirisme fluidique et/ou éthérique. Cela, afin de qualifier

---

[80] **Force neurique ou magnétique ou vitale** : La force neurique, dans son essence et son action, présente certaines analogies frappantes avec la chaleur, la lumière, l'électricité et le magnétisme. On pourra se référer à l'article anonyme intitulé : Le sens spirituel de Neurisme (ou Neurique), et disponible sur l'URL : https://1001spiritualites.net/spiritualite/sens-de-neurisme-ou-neurique.html

[81] Ce lexème, « **astral** », est une construction qui pourrait amener à confusion, puisqu'il tente de mêler le concept habituel de cannibalisme servant à décrire l'anthropophagie et l'adjectif issu du bouddhisme « astral », servant à décrire la partie immatérielle de l'être, autrement appelée âme. Par lui, on tente de faire passer l'idée d'une attaque « mystique », se basant sur l'atteinte de l'axe vertical de l'être, son essence spirituelle. Et non de faire l'apologie d'une religion. Et il en va de même pour toutes les autres constructions de cette nature.

cette anthropophagie psychique constituant 20 % des cas de sorcellerie. « *Beaucoup ont compris qu'il faut se prémunir des attaques des sorciers. Et donc, chacun a son petit "Djigbô"*[82]. », commente en substance un enquêté. « *À défaut donc de pouvoir éliminer leurs cibles, les sorciers s'en tiennent à les maintenir dans un cercle infernal. En cela, la sorcellerie serait à la base du sort de l'Afrique, le continent sous-développé où, ruine et misère s'établissent en reines* », souligne en outre un jeune rural.

Il existe deux types de cannibale, de vampire en réalité, selon le but de l'attaque. Selon donc que celui-ci vise le corps astral du sujet situé sur l'axe de la verticalité, ou son corps physique, référé à son axe horizontal déterminant les liens sociaux, on pourra distinguer le vampire mangeur d'âme ou aspirateur de fluide vital, et le vampire perturbateur des forces physiques par affaiblissement de la personne victime de l'acte de sorcellerie. C'est ce qu'explique par exemple un voyant s'appelant Akadji.

Deux buts sont en effet poursuivis par le sorcier : le contrôle ou la domination de l'autre, ou sa mort. Le contrôle est une action d'emprise dont le but est de s'approprier le Moi d'une personne pour s'en servir à des fins personnelles. La mort survient quand le sorcier réussit à se nourrir de l'âme de sa victime. Quand le sorcier exerce sa domination sur un autre, le Moi atteint dans sa force spirituelle ou son magnétisme s'affaiblit ; il en résulte une diminution et, à la limite, une destruction de la personne qui subit l'influence néfaste. Le sorcier « mangeur-d'âmes », lui, se nourrit de la personnalité de sa victime. Cela renforce son propre équilibre psychique. Il peut la rendre folle ou la tuer, par « aspiration » et non par perturbation de sa force vitale. S'il échoue dans son entreprise, que sa victime sait comment réagir, par ses aptitudes ou par l'entremise d'un voyant-guérisseur, c'est lui qui en subit le

---

[82] Fétiche, en langue Dida

contrecoup, et tombe alors et le plus souvent dans une maladie psychique grave assimilable à la psychose.

L'être dans cette cosmographie se déploie dans un univers à deux dimensions principales ; un axe vertical dédié aux relations avec les mânes et les Ancêtres, et déterminant son essence vitale ; un axe horizontal déterminant ses relations sociales dans la communauté, ses objectifs et son statut social et caractérisant son essence physique.

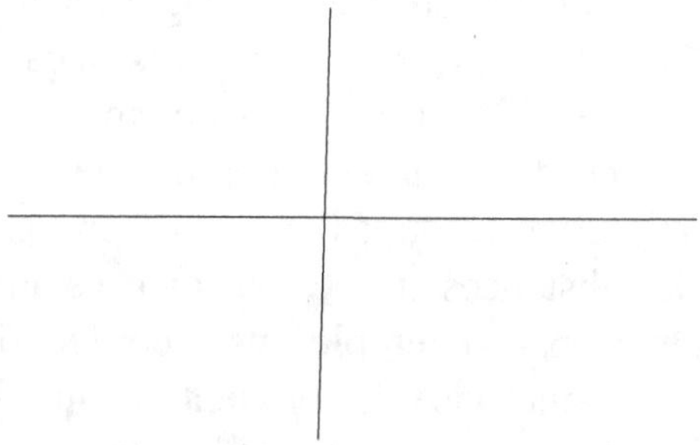

Dessin : Axe vertical (essence vitale liée aux mânes et aux Ancêtres) et Axe horizontal lié aux relations sociales dans la communauté
Source : Données d'enquête et I. Sow (1977)

2.2. L'usage de sortilèges

Intervenant dans près de 70 % des cas en sorcellerie, d'après les enquêtés, l'objectif de cette pratique, est, selon le voyant Ahipo, « ... *de faire souffrir l'humanité et d'en jouir.* ». Le sujet adepte de cette forme de mysticisme tend à se rattacher à l'essence universelle (celle de tout l'univers) grâce à un lien magnétique et magique, qui le lie tant à la nature qu'à ses secrets et aux êtres qui la composent. Par la pensée mutée en force astrale, bonne ou mauvaise, il peut ensuite porter atteinte à l'intégrité physique ou mentale de n'importe quel individu choisi pour cible, quelle que soit la distance qui les sépare. Il aura en outre à disposition des supports matériels (fétiches ou gris-gris, photographies, aliments) ; des techniques spécifiques (charge, enclouage, nouement de l'aiguillette, formules de malédiction) ; ainsi que des aides spirituels (génies malfaiteurs, animaux maléficiés).

2.2.1. Les fétiches ou gris-gris

Ce sont des objets chargés de signification et décrits comme porteurs de pouvoir et de charges négatives destinés à nuire à distance à autrui au cours de rituels. On y dénote une palette variée d'instruments comme des statuettes, des œufs de poule non fécondés ou des canaris de fétiche, enveloppés de substances grasses, visqueuses ou veloutées.

La statuette par exemple est confectionnée à la ressemblance du sujet visé. Il convient ensuite de la décorer ou de l'habiller de morceaux d'étoffes ayant appartenu à ce dernier. D'y adjoindre même des rognures d'ongles ou des poils de cheveux, d'aisselle ou de pubis lui appartenant. Puis, en se concentrant, de « lancer » un sort ou une malédiction au sujet, tout en lui lacérant simultanément la partie en bois répliquant l'organe visé que l'on souhaite atteindre. La lacération se fait également au moyen d'épingles. La victime serait alors censée ressentir physiquement les blessures infligées à son double ; son corps physique ayant été atteint par l'intermédiaire de son double astral.

Une telle pratique ne se distingue en rien du culte voudouiste largement pratiqué au Bénin et au Togo. Ou aux Antilles et aux Caraïbes où ont été déportés de nombreux esclaves africains. On y retrouve une conception naturelle et cosmique du monde issue des cultes animistes africains et permettant par la sorcellerie et la magie de se projeter à distance, vers autrui ou dans le but d'échanger avec les Divinités. Sauf que l'élément religieux, mêlant pratiques animistes et croyances chrétiennes ferait apparemment défaut ici. Au plan opératoire cependant, l'usage d'instruments tels les fétiches, qui peuvent aussi être constitués d'animaux tels que le crapaud et le lézard, utilisés pour leur confection, est bien présent.

Quant à la confection des fétiches, elle ne s'effectue jamais en plein jour, mais sous une faible lumière. La période favorable dans ce cas est aussi codifiée : moment où la lune est montante, et non décroissante. Tout aussi logiquement, le fétiche est utilisé de la façon dont on l'a indiquée, la nuit, après qu'ait été établi un lien magnétique avec la personne ciblée. Celle-ci dort alors et puisque inattentive et sans défense, se laisse facilement envouter. Passé un délai de 28 lunes, le fétiche sera enterré dans un lieu désert, au pied d'un arbre, et dans sa boîte (le plus souvent un canari). Pour sauver la victime, il faut qu'un voyant puisse découvrir l'endroit où est caché le maléfice et le déterrer.

2.2.2. La charge

Ce terme, tiré du vocabulaire propre à la physique, traduit le processus durant lequel se « charge » le fétiche d'« ondes » négatives. On aboutirait alors à une accumulation magnétique de telles ondes qui aurait pour résultat, une fois projetées sur la victime, d'enclencher chez elle un processus second de décomposition. Chaque cellule de son corps, transformée en larves malfaisantes, condamnerait celui-ci au pourrissement. Plus précisément encore, les ondes ainsi téléportées seraient elles-mêmes constituées de telles larves issues de la décomposition des corps utilisés dans la fabrication des fétiches (crapaud, lézard, ou cœur, cerveau ou intestins d'un de ces animaux). Elles serviraient donc de condensateurs au processus de dégradation corporelle. C'est en effet le dégagement des forces maléfiques accumulées qui perturberait la vitalité de la victime, partiellement ou en totalité, selon le choix de l'opérateur. Selon le « contre-sorcier » Mathieu Didi, c'est ainsi plus de la moitié des cas qui lui sont amenés qui serait en rapport avec des influences de charges.

2.2.3. L'enclouage

Il s'agit ici de « cheviller » une personne à laquelle on veut du mal. Pour cela, plusieurs possibilités. Enfoncer une cheville (petit clou de bois) dans la terre où cette personne vient d'uriner, avec le désir qu'une cheville « spirituelle » et « malfaisante » s'enfonce pareillement dans son canal urétral afin de provoquer en elle une douloureuse rétention d'urine. Ou enclouer un animal quelconque en enfonçant une pointe dans l'empreinte d'une de ses pattes de manière à ce que la victime, une fois atteinte par le sortilège, soit affectée d'une maladie des membres. Tout ceci assorti d'incantations. Il s'agirait, disent les tradipraticiens interrogés, d'une pratique à la base d'atteintes corporelles difficilement curables par la suite.

2.2.4. Le nouement de l'aiguillette

L'aiguillette est le nom générique du lacet dont les hommes se servaient autrefois comme ceinture, avant l'introduction des boutons et des fermetures-éclairs. Il en est resté une trace dans le langage local. Ainsi ce que l'on traduirait par l'expression « nouer l'aiguillette », couramment employée dans les rites magiques à visée sexuelle, signifie réduire à l'impuissance le partenaire sexuel au moyen d'un rituel d'envoûtement.

Cet acte punitif ou de rétorsion est commandé par une amante éconduite ou une rivale malheureuse. Il est pratiqué en tout lieu où se déroule un mariage (domicile, temple, église…) et a pour but de frapper d'impuissance le futur époux. Dans le cas de l'église par exemple, le sorcier, une fois qu'apparait le couple, fera brusquement un nœud au lacet qu'il aura eu soin d'emporter avec lui. Il peut également s'agir d'un nerf minuscule ou d'un fragment de tendon animal. Puis, il observera intensément les jeunes mariés, et, au moment où se rejoindront leurs regards, en fera un second tout aussi rapidement. Ainsi se nouerait l'aiguillette. Au cours de cette manœuvre, le sorcier devra prononcer des paroles magiques, propres à soutenir efficacement son entreprise. D'autres pratiquants utilisent cette technique en dehors des cérémonies de mariage. Et en usent également pour rendre frigides des personnes du sexe faible. Il est supposé que le temps du maléfice durera tant qu'un voyant expérimenté n'en aura pas pris possession pour en annihiler les effets.

2.2.5. Les formules de malédiction

Celles-ci s'apparentent fortement également aux pratiques relevant du vaudou. On y retrouve, par les termes usités au cours des incantations, ce mélange typique de pratiques relevant de sortilèges lancés agrémentés de références au christianisme. Un fil noir est utilisé pour coudre la gueule d'un crapaud, lui aussi noir. L'envoûteur attache un fil de même couleur à chacune des pattes de l'animal et le suspend, tête en bas, au-dessus d'un feu dégageant de la fumée. À minuit sonnant, le malfaiteur fait tournoyer l'animal au-dessus du feu tout en invoquant en ces termes les esprits du mal : « *Crapaud immonde, par le pouvoir du démon, je te supplie de ne pas laisser (le nom de la personne visée) jouir une heure de plus du bonheur sur terre. Fais que sa santé soit prise au piège dans la gueule de ce crapaud. Fais qu'il dépérisse et meure. Fais que cela lui arrive dès que j'aurai prononcé trois fois le nom du démon : Satan ! Satan ! Satan !*[83] »

Le matin suivant, l'envoûteur met le crapaud dans un pot de terre qu'il ferme hermétiquement avec un couvercle scellé par de la cire fondue. Mort, ennuis de santé, accident ou

[83] Cette incantation telle que présentée résulte d'une traduction en français d'une formule utilisée en langue locale dida.

difficultés socioprofessionnelles, sont supposés s'abattre sur la personne visée, selon le but poursuivi.

2.2.6. L'appel aux génies malfaiteurs

Le sorcier achète du satin rouge. Il en fait une étoffe qu'il va poser à la croisée d'un chemin. Il pose sur le tissu un pot en terre de cuisson contenant un poulet vidé et empli de farine de maïs jaune et de poivre noir moulu. Il allume des bougies, prononçant pour chacune d'entre elles le nom de la personne dont il veut contrarier les entreprises[84]. Le sorcier invoque ensuite les génies malfaiteurs selon leurs attributions.

2.2.7. Poupées, photographies et breuvages vaudous

À côté de la poupée vaudou ou poupée d'envoûtement, représentant l'esprit d'une personne, et employée pour lui jeter des sorts, les photographies permettent aussi de jeter des sorts (maladie, échec, rupture amoureuse...) sans aller jusqu'à la mort. Il s'agit de les piquer à l'aide d'épingles, de prononcer des incantations. Orner la photographie d'éléments appartenant à la future victime tels que cheveux, rognures d'ongles, serait un moyen de renforcer les pouvoirs prétendument magiques de l'objet.

La poupée est parfois remplacée par une orange piquée de sept épingles et enfouie profondément en terre dans un lieu secret. L'orange représente toujours la personne, et les actions sur elle sont supposées avoir des effets sur la personne. Quand elle se détériore dans la terre, la personne dépérirait. On peut y adjoindre des éléments appartenant à la personne (sueur, ongles…), mais aussi un morceau de papier ou une photographie.

[84] On ne peut s'empêcher de voir dans ce rituel un décalque de la pratique d'allumage des cierges suivi de prières usité dans l'Église catholique.

Les sorciers dida incluent dans leurs pratiques maléfiques la création de breuvages à faire boire à leur victime ou à mélanger à leurs aliments. Il s'agit le plus souvent de « bouillons » à base d'organes d'animaux considérés comme néfastes – chat noir, hibou, serpent, certains rongeurs – auxquels l'on prête le pouvoir d'aider le sorcier à communiquer avec le monde invisible. Ces breuvages sont censés annihiler la volonté de la victime, la forçant à agir suivant celle du sorcier. La personne est, cependant, toujours consciente de ses actes, mais dans un état de conscience dissociée dans lequel elle ne peut pas maîtriser ce qu'elle dit ou fait, son âme étant sous emprise.

2.3. La « vessie maléfique »

Il s'agit ici de provoquer l'arrêt des fonctions urinaires de sa cible ou de lui infliger une pathologie de la prostate. Pour se faire, le sorcier utilisera une vessie de mouton. Prélevant une motte de terre mouillée par les urines de cette victime, il l'enfouira dans une vessie de mouton tout en prononçant des incantations. Pour exemple : « *J'ai bouché le trou de l'urine de mon ennemi. J'ai barré la route de ses déjections...* » La vessie, gonflée par ses soins, verra son orifice noué puis sera suspendre très haut dans un arbre. La personne visée est censée éprouver par la suite de vives douleurs liées aux perturbations prétendument induites de son appareil urinaire.

Comme précédemment, mettre un frein à cette souffrance supposera de la part du voyant-guérisseur (celui qui utilise la magie à des fins bienveillantes) qu'il parte à la recherche de la vessie maléfique, la décroche, en brise les liens, et en déverse le contenu.

III. Cibles de la sorcellerie

À l'instar de l'éleveur de poulets qui sacrifierait ses plus grosses volailles pour un festin, le sorcier choisira ses proies parmi les individus en vue dans leur entourage familial ou collectif. Des attitudes de défis ou un statut social envié constitueraient des critères de sélection pour se retrouver victimes de sorcellerie. Même chez un enfant. Selon André Ahipo, voyant, « *Il suffit à la personne visée d'être dans le rayon d'émission des ondes néfastes du sorcier pour qu'elle en soit victime. Le sorcier peut sinon se déplacer pour favoriser les conditions de rencontre entre la cible et lui. Il peut également émettre ces ondes à partir d'un objet inanimé (cadeaux, lettres…) destiné à la cible ou à proximité immédiate.* »

Les types de cibles sont au nombre de quatre et se répartissent ainsi que l'indique le tableau suivant :

Cibles	Effets	% âges
Atteinte directe de l'âme	**Maladies, handicaps, mort**	46 %
Souillures, empoisonnement de l'âme	**Malchances, maque de succès, pertes financières, échecs sociaux et difficultés matérielles**	22 %
Intrusion dans l'espace physique	**Maladie, insuccès, pertes financières, mort**	20 %
Atteinte spirituelle et physique diffuse	**Maladie ou handicap chronique**	12 %
Total		**100 %**

Tableau 3 : Répartition en fréquence des types de cibles et de leurs effets

Source : Données d'enquête

46 % des réponses de nos enquêtés stipulent que l'âme (corps éthérique) serait le principal but visé par les sorciers. Ce canal recevrait les maléfices engendrant une altération de la santé allant parfois jusqu'à entrainer la mort, ou des handicaps divers.

22 % des réponses portent sur l'empoisonnement ou la souillure de l'astral afin de repousser chance, succès, réussies financières et matérielles et possibilités de bénéficier de la solidarité d'autrui. La cible serait « démagnétisée » puisque son « aura » aurait été « brouillée ».

L'espace physique de la personne est aussi censé pouvoir être atteint. Il s'agit du village de naissance, des lieux de travail ou de loisir, ou d'habitation… . Un acte maléfique visant ces endroits où se réalise la personne interviendrait dans 20 % des actes de sorcellerie. Selon Henri Boga, tradipraticien : « *Il faut un lieu incontournable pour le sujet ; chez lui, c'est la terre de ses ancêtres, son champ originel. Il y arrive quand il veut et comme il veut (en visite aux parents ; aux funérailles ; lors des fêtes ; pour faire des réalisations personnelles ou autres...) ». Toucher ce lieu, c'est déjà le détruire ; si en plus il y vient souvent, c'est encore tant mieux.* » Quant au lieu de naissance, il fait figure de lieu où fut naguère enterré le placenta de la personne. Le placenta est un réceptacle de l'âme de la personne. Le sorcier ne doit jamais s'en emparer, au risque de lui porter gravement atteinte, selon ces croyances. Enfin, de façon directe (en se déplaçant) ou indirecte (en s'introduisant à l'intérieur d'un quidam), le sorcier est supposé pouvoir ruiner la carrière professionnelle d'un sujet, sa santé ou sa « chance », en lui rendant visite en ses lieux de travail et/ou de loisir. Visites dont il serait supposé profiter pour lancer de silencieuses mains non moins efficaces incantations maléfiques. Le lieu d'habitation clôt ce répertoire. Il s'inscrit sur la liste des espaces de conception et de réalisation de maléfices. Les activités domestiques, manger, dormir, faire sa toilette, etc. s'effectuent en ce lieu trop intime pour être souillé par la présence des pouvoirs supposément détenus par les sorciers.

12 % enfin des actes de sorcellerie viseraient une atteinte spirituelle et physique diffuse et généralisée de l'ensemble des fonctions du sujet. Il ne s'agit pas dans ce cas de viser la mort, mais un affaiblissement chronique.

IV. Moments et fréquences de la sorcellerie

La pratique de la sorcellerie tient parfois rigueur à l'espace et au temps. Le sorcier en effet est supposé agir seul et dans un endroit isolé de tous, le plus souvent à certains moments de la journée et en tenant parfois compte de la position de la lune et des astres. Mais cela ne signifie point qu'il doive agir seulement la nuit, selon les enquêtés.

4.1. Moments où se pratique la sorcellerie

Sur cette question, les réponses des enquêtés interrogés ont été regroupées dans le tableau suivant. Il ressort de ce tableau que seulement 24 % des enquêtés estiment que la sorcellerie se pratique la nuit ; ils sont respectivement 15,75 % et 13 % **à** penser que la pratique se déroule en après-midi et le matin ; et 47,25 % à dire qu'elle survient à tout moment.

Moments où se pratique la sorcellerie	**Effectifs**	**% âges**
À tout moment	98	47.25 %
Matin (06 h – 12 h)	27	13 %
Après-midi (12h – 18 h)	33	15.75 %
Nuit (18h – 06 h)	50	24 %
Total	**208**	**100 %**

Tableau 4 : Moments de la pratique de la sorcellerie
Source : Données d'enquête

Les extraits de discours indiquent que la nuit serait un moment idéal, sans aucun doute le plus dangereux pour les personnes visées ; endormies, leur état de réceptivité aux attaques mystiques serait supposé surélevé. Indexé également, l'après-midi, moment de la sieste où l'on apparaitrait comme fragile face aux sorciers. Quant au matin, il serait surtout bénéfique au sorcier qui, comme tout le monde après une bonne nuit de sommeil, verrait ses forces (et donc ses pouvoirs) décuplées. Toutefois, la magie et la sorcellerie seraient également question d'opportunités. Habillé de fausses intentions, jugé honnête et bienfaisant, le sorcier a, dans la journée notamment, toute latitude de tromper ses victimes en établissant avec elles un contact social et physique qui s'avérera par la suite dévastateur.

4.2. Fréquences de la pratique de la sorcellerie

La sorcellerie se pratiquerait également selon certaines fréquences. C'est ce que nous indique le tableau qui suit.

	Élevée		Moyenne		Basse		Total	
	Effectifs	% âges	Effectifs	% âges	Effectifs	% âges	Effectifs	% âges
Période 1 : Févr. Mar. Avril	21	10 %	110	53 %	77	37 %	208	**100 %**
Période 2 : Mai. Juin. Juil.	12	6 %	75	36 %	121	58 %	208	**100 %**
Période 3 : Aout-Sep. Oct.	177	85 %	23	11 %	8	4 %	208	**100 %**
Période 4 : Nov. Déc. Janv.	192	92 %	12	6 %	4	2 %	208	**100 %**
Effectifs cumulés	**402**	**48.31 %**	**220**	**26.44 %**	**210**	**25.24 %**	**832**	**100 %**

Tableau 5 : Fréquences de la pratique de la sorcellerie en fonction des périodes de l'année
Source : Données d'enquête

Au regard du tableau 5, (des personnes pouvant avoir été interrogées plusieurs fois), nous remarquons, selon les enquêtés, que la fréquence de la pratique de la sorcellerie est moyenne à 53 % en début d'année (Mois de février, mars et avril) ; est basse à 58 % en mai, juin et juillet ; et est élevée aux mois d'août, de septembre et d'octobre (avec une moyenne de 85 %) et très élevée en fin d'année (mois de novembre et décembre) ainsi qu'au tout début de l'année (mois de janvier) avec une moyenne de 92 %.

Les deux périodes, celle de novembre, décembre, janvier et celle août, septembre et octobre, connaitraient les fréquences les plus élevées avec respectivement 92 % et 85 % des réponses. Selon les tradipraticiens interrogés à ce sujet, l'explication de cela se trouve dans le fait que ces mois correspondant plus ou moins à des périodes festives (grandes vacances, et fêtes de fin d'année et de Nouvel An), périodes mouvementées s'il en est. Il s'agit au sens propre d'un moment tout aussi festif pour les sorciers dont l'activité croit en direction de ces personnes abreuvées de plaisir durant cette période. Mais également en direction de celles, peut-être moins nombreuses, qui estimeraient leur bilan annuel négatif ou jalouseraient le bonheur d'autrui (celui de voir ses enfants rentrés de la vile par exemple). Selon Ahipo, tradipraticien, une autre raison, opératoire, s'ajoute à ces explications : « *Il s'agit d'une période d'extase, dit-il, où le sorcier est d'autant plus motivé que l'augmentation du nombre de ses victimes le fera monter en grade en début d'année suivante, d'où l'accroissement du nombre des "maris" et des "femmes de nuit" à ces moments-là.* »

Les difficultés économiques aidant, les villages verront se développer, durant ces périodes de fête, une criminalité culturelle adossée aux rancœurs de ceux qui, ne pouvant se permettre de fêter faute de moyen, verront, dans le recours aux sorciers, un exutoire à leurs jalousies. Les dérapages en matière de retenue verbale et de mœurs, propres à cet espace de temps durant lequel l'alcool entraine chez certains un dérèglement des conduites, fournissent enfin un autre motif à de tels recours. En définitive donc, le manque de placidité, l'‘expression libre des émotions (toute attitude se rapportant en ANT à un manque de maturité), semblerait en cela constituer un terreau fertile favorisant la victimité sorcière.

Avec 53 % des réponses des enquêtés, la pratique de la sorcellerie durant la période de février, mars, et avril, se présente avec une moyenne fréquence. « *Il s'agit, dit René Koudou, tradipraticien, d'un moment propice à l'exécution des maléfices en direction de personnes identifiées comme victimes durant les périodes de fête, mais non encore exécutées du fait de la charge de travail.* » On parle ici, dit-il encore, d'« âmes otages », de personnes physiquement encore indemnes, mais dont l'esprit, convoité par un sorcier, ne leur appartient déjà plus.

La période que nous voyons ensuite s'étendant des mois de mai à juillet présente les mêmes caractéristiques que précédemment ; sorte de « période creuse » dénuée d'enjeu majeur pour les sorciers et durant laquelle se fourbissent les armes. « *Il n'y a rien à envier à personne durant ces moments-là.* », explique le voyant Akadji. Ici, la fréquence est donc relativement contrôlée avec 58 % de réponses « basses » selon es enquêtés.

D'une manière générale, eu égard aux effectifs cumulés, la sorcellerie se pratiquerait dans les localités investiguées avec une fréquence élevée à 48.31 %, puis des fréquences moyennes et basses à 26.44 % et 25.24 %. On peut donc parler d'une pratique relative de la sorcellerie d'intensité forte qui ne « représenterait que » 48.31 % des effectifs et d'une pratique dominante perçue comme moyenne et faible à 51.69 % des réponses. Les périodes « propices » s'établiraient durant les six mois de novembre, décembre, janvier et celle août, septembre et octobre, correspondant aux mois de fêtes (Grandes vacances, et Fêtes de fin d'année et de Nouvel An), avec un taux moyen de 88.5 % de réponses élevées. Les moments les moins propices suivraient durant les « périodes creuses » correspondant aux autres mois de l'année (février, mars, avril, mai, juin et juillet) avec un taux moyen de 55.5 % de réponses moyennes à basse.

V. Sorcellerie, conflits et criminalité

La pratique de la sorcellerie, bien que considérée comme allant de soi en Afrique noire, s'accompagne néanmoins de nombreux conflits. Parfois même d'homicides. Il importe de comprendre comment se présentent et se vivent ces conflits, et comment les Ivoiriens, porteurs de nouvelles attentes en matière de justice, essaient de leur apporter solution.

De tout type de conflit, selon les acteurs interrogés, est susceptible de naître un recours à la sorcellerie, comme moyen de défense ou d'attaque. À la force brutale que peuvent déployer des jeunes gens, peut ainsi s'opposer une autre, plus insidieuse, silencieuse, mais néanmoins supposée efficace, souvent détenue par des personnes plus âgées.

5.1. Exemples de conflits impliquant la sorcellerie à Divo

Les exemples présentés ici sont issus de témoignages recueillis auprès de villageois.

À Adjéhililié, sous-préfecture de Divo, dans le mois de mars 2005, le nommé Attié Grégoire, 56 ans, fut « désigné » par le corps d'un jeune planteur comme responsable de son décès. Il fut lapidé de pierres et battu au moyen de morceaux de bois, puis immolé par le feu, par des jeunes du village.

Dans le village d'Ahouati, le prêtre de l'Église catholique raconte qu'il y'a un peu plus de 10 ans, le Doyen[85] Daniel Nago, lui aussi « désigné » par un cercueil, celui d'un certain Monsieur K. Kouassi en l'occurrence, fut lui aussi mis à mort de façon effroyable ; il fut éventré sur la place publique à coups de sabre par les frères du défunt.

Pour le même genre de raison, on rapporte qu'à Gnawalilié, le vieux Robert Zrogbê, fut assassiné à coups de gourdin par son propre fils.

---

[85] **Doyen**, **Vieux** ou **vielle** : Nom affectueux et respectueux donné à certaines personnes âgées dans un village.

À Godiléhiri, à 8 km de Divo, la Doyenne Fanny, fonctionnaire à la retraite, fut, elle, tuée par des jeunes du village en colère, après avoir été violée. Elle aurait été « désignée » auparavant par un cercueil comme étant une « mangeuse d'âmes ».

Toujours dans ce même village, un paysan nommé Anéyoua Gossou, âgé de 60 ans, fut décapité dans le mois de juillet 1998 ; il avait été accusé de pratiquer la sorcellerie et désigné par les jeunes du village comme responsable du décès de l'un des leurs, un jeune élève du nom de Christophe Adou, son neveu. La victime aurait déclaré, avant de mourir : « *C'est maintenant que je réalise le caractère pervers de la Sorcellerie… . Pourquoi avoir accepté de livrer mon neveu ?* »

En 1996, à Grémia[86], un village en même temps que quartier de Divo, de présumés sorciers, se nommant pour l'un Titio Gôzê et pour l'autre Albert Dadiet, ainsi que leurs complices, furent condamnés à cinq ans d'emprisonnement par le tribunal civil de la localité, suite à une plainte du nommé Paulin Sékou et après qu'un film audiovisuel les incriminant – ils y avouaient avoir commis des forfaits en recourant à la sorcellerie – ait été projeté à leur procès. Cette condamnation a suscité de nouvelles tensions au sein du village, reconnait le Président du Tribunal de Divo « … *comme à l'accoutumée ici chez les Dida.* », conclut-il.

À Bloudoukou Pendah, le vieux Kpahi Podé, âgé de 71 ans, accusé de sorcellerie sur la personne de Julie, une écolière de CM2, a été en mai 2002 conduit en place publique puis lynché par des écoliers vengeurs. Il ne mourut cependant pas ce jour-là, mais fut abandonné sur place en très piteux état.

En 2008 enfin, à Akabia, dans la sous-préfecture de Divo, l'on raconte qu'à la suite du décès du géniteur d'un cadre, les sorciers du village menacèrent de faire passer de vis à trépas huit personnes en représailles aux huit bœufs sacrifiés lors des

[86] Village natal de l'auteur.

cérémonies mortuaires par le fils du défunt. Après trois décès successifs survenus ensuite dans le village, puis cinq autres, l'interrogatoire des défunts aurait révélé le nom de leurs bourreaux ; l'on se saisit des sorciers incriminés, les ligotât avant de les enterrer vivants. Une telle réaction produisit à son tour un fort courroux au sein des familles des présumés sorciers assassinés.

Face à ces réactions, elles-mêmes sources de tensions et de conflits au sein des communautés villageoises, les personnes interrogées produisent des attitudes globalement convergentes.

Pour certaines d'entre elles, le constat est là : les religions monothéistes n'ont pu résorber ces croyances anciennes ; chaque mort, par l'affliction dans laquelle il plonge les membres de sa famille, appelle ceux-ci à en rechercher la cause, le plus souvent un maléfice lancé par un sorcier, pour son compte propre ou celui d'une personne en conflit avec le défunt de son vivant. *« Il ne se passe point de semaine qui ne nous confronte à de telles situations. »,* déplore ainsi un notable. *« Nous leur parlons de Christ et des bonnes œuvres ; mais ils ne réussissent pas, jusque-là, à se passer de tels actes qui se répètent sans cesse.* », ajoute le prêtre catholique du village d'Ahouati. « *C'est dommage, nous avons du pain sur la planche ! »,* termine-t-il. 37 sujets sur les 39 interrogés, soit plus de 95 % d'entre eux, partagent cette opinion. Et ces croyances le plus souvent. « *Ce sont des scènes que nous déplorons certes, mais auxquelles l'on est habitués. »,* concède un sujet.

Pour d'autres, néanmoins, puisqu'on ne peut condamner la sorcellerie en tant que croyance toujours prégnante, il y aurait lieu d'en minimiser les effets, notamment quand se produisent d'insoutenables actes de violence servis à des présumés sorciers en représailles de leurs actes antérieurs supposés. Partant de cette idée que « *La Sorcellerie n'est pas une bonne chose.* », une personne interrogée livre ainsi son analyse :

« *Entre nous (les citoyens ordinaires) et les sorciers, se déroule actuellement une "guerre" ; une guerre est actuellement livrée contre les sorciers assassins dans la région Djiboua (Divo). Mais ce n'est pas par le recours aux cercueils que l'on l'a gagnera. Je veux dire que le recours à la cérémonie de désignation du sorcier par le cercueil, c'est aussi de la sorcellerie. Comme le meurtre du sorcier, c'est aussi un meurtre. Moi, je ne suis ni sorcier ni meurtrier, et je souhaite que dans ces cas là, ce soit la justice qui intervienne.* » Un autre, d'avis avec le précédent, renchérit avec humour : « *Si rien n'est fait, des fosses communes finiront par "fleurir" ici, et les victimes se multiplieront davantage.* »

Ces avis apparemment divergents s'accordent en réalité sur un fait : la croyance populaire aux pouvoirs de la magie a toujours droit de cité, notamment en milieu rural. C'est sur la matière de sa gestion que divergent les opinions exprimées : comment, une fois abouti le processus de désignation par le cercueil, obtenir des acteurs un recours à la justice républicaine en lieu et place de la vindicte populaire ? Et comment remplacer cette mystique du cercueil, si accusatrice et orientée, par un processus autrement plus objectif ? Et que penser des circonstances d'obtention d'aveux extorqués et dont le juge, en en prenant complaisamment acte, semble en réalité se faire un complice ?

Si les réactions sont si violentes, c'est parce que la sorcellerie en Afrique a un caractère anthropophagique et familial faisant d'elle une menace émanant de son propre entourage.

La sorcellerie possède un caractère éminemment anthropophagique, car le père, la mère, possèdent un pouvoir protecteur ou destructeur censé décuplé s'ils devaient pratiquer la magie à l'encontre de leur propre progéniture. Le sorcier est soumis à la même contrainte d'efficacité, qu'il agisse sur les siens ou sur d'autres, éloignés de lui du fait de liens de sang non partagés. Il croît donc en puissance lorsqu'il s'en prend à un membre de sa famille ou de son lignage. Pour cela, en quête de maléfice ou de protection, l'on aura tout intérêt à s'accorder avec un sorcier ou un guérisseur membre de sa famille.

Il existe aussi des échanges d'âmes entre confréries afin de garantir à chacun un élargissement opératoire de son champ d'action initiale. Parfois, il en va autrement cependant. Certains sorciers sont réputés s'adonner aux « braquages mystiques » de « biens ». Le bien est ici l'âme, considérée comme matière première de l'échange entre membres d'une confrérie. On entend alors par « braquage » le vol d'une âme à une confrérie extérieure à soi afin de satisfaire la sienne. L'échange n'existe pas puisqu'il n'y a pas de contrepartie à cette acquisition frauduleuse.

Comme les victimes potentielles sont éparpillées au sein des nombreuses familles constituant la communauté, en résulte un processus de « partage » entre sorciers, processus voulant qu'à tour de rôle soit « livré » tel ou tel sujet issu d'une certaine famille en échange de tel ou tel autre issu d'une autre famille. D'où la nécessité pour les sorciers de partager le secret de leurs méfaits au sein d'une communauté réduite, la confrérie, et l'obligation faite à chacun de participer égalitairement à ce type d'échanges bénéfiques pour chacun d'entre eux.

Partageant cette croyance, les populations, même en ville, entretiennent d'entêtantes interprétations sur l'origine de tout malheur frappant l'un des leurs. Mise au chômage, maladie, incendie, trahison sentimentale, frigidité, stérilité, dépenses inconsidérées, agression physique, morte, etc., les artéfacts de la vie citadine, comme rurale, sont colorées de ces interprétations mettant en jeu un acteur autre que la cause naturelle, ou la parentèle, ainsi que des forces surnaturelles.

L'action en sorcellerie n'aboutit pas qu'à la mort cependant et prend des formes diverses. Celles-ci s'appuient sur le détournement d'objets ayant appartenus ou ayant été touchés par la cible. Une lettre per exemple écrite de la main même d'un élève peut servir à causer à ce dernier des dommages. L'écriture manuscrite est en effet censée conserver des traces, qui seront exploitées, du potentiel vital et psychique de la personne. Selon le voyant Akadji Ahipo, le sorcier va pendant longtemps fixer la lettre, faire des incantations, et atteindre mentalement le sujet.

Certaines pratiques ne nécessitent pas la possession d'objets liés à la victime. Selon Djiglè Magloire, voyant, le sorcier peut également enterrer des canaris dans certaines églises pour s'assurer le contrôle spirituel de certaines personnes venant y prier. D'autres se font simplement pasteurs, évangéliques, prophètes, maîtres de chœur…, statuts leur permettant de circonvenir des personnes en quête de spiritualité. Il s'agit là d'exercer un contrôle sur les lieux de religion. Ainsi le voyant Didi Mathieu déclare voir déterrés des « canaris mystiques » dans l'église de Grobiassoumé, village de Divo.

La sorcellerie semble même envahir, en ville, les lieux de compétition professionnelle et politique. Puisqu'il y est fait recours pour bénéficier d'un avancement ou éliminer un adversaire politique. Ce recours obligé découle d'une mystique du pouvoir largement implantée selon nos observations. Dans cette acception, nul succès, professionnel ou autre, n'est compris sans intervention mystique causale sous-jacente[87]. Selon le nommé Akadji Ahipo, on ne compte plus le nombre de politiques, de cadres ou d'hommes d'affaires, venus « consulter » pour assurer leur éventuelle réussite ou contrecarrer un concurrent. Un célèbre

[87] En langage populaire ivoirien, constatant une réussite, professionnelle, artistique, sportive ou autre, on dira de la personne qu'elle « n'est pas simple » ; cela pour signifier que l'on pense qu'elle a eu recours à la sorcellerie qui lui a conféré une certaine « protection ». Ou qu'elle a été « lavée » par ses parents, cela afin de lui conférer succès et réussite.

tradipraticien, Koudou Janot, révélait, dit-il à ce sujet, que : « *Dans les bureaux, chacun enterre son fétiche afin de se maintenir à son poste.* » La sorcellerie devient en ce sens un enjeu de pouvoir ou de régulation des relations de pouvoir dans la société urbaine comme elle l'a toujours été en milieu rural.

5.2. Actes auto-révélés de sorcellerie

L'outil à disposition des « voyants », ces personnes censées démasquer les sorciers, est l'interrogatoire. Avant ce dernier, des indices telles que la désignation par cercueil, la découvertes de fétiches, existent. Dans leurs aveux, les prétendus sorciers révèlent leurs actes, brisant la loi du silence.

Le paragraphe qui suit présente un extrait d'interrogatoire mené au cours d'une cérémonie dite improprement et faute de mieux d'exorcisme, à Grobiassoum**é,** dans la sous-préfecture de Divo. Il s'agit d'une transcription fidèle en français d'un échange en dida :

- *« **Le voyant** : Reconnais-tu que tu es sorcière ?*
- ***La sorcière** : Oui, je le reconnais.*
- ***Le voyant** : Comment l'as-tu su ou comment le sais-tu ?*
- ***La sorcière** : C'est depuis que j'ai commencé à manger les gens en rêve.*
- ***Le voyant** : Comment es-tu devenue sorcière, cela date de quand ?*
- ***La sorcière** : Je suis née sorcière.*
- ***Le voyant** : Quel acte poses-tu en tant que sorcière ?*
- ***La sorcière** : On transforme les gens en animaux et on les mange. Moi, je me transforme en corbeau et j'ai déjà livré six (6) personnes qu'on a mangées.*
- ***Le voyant** : Comment est-ce possible ?*
- ***La sorcière** : Dans notre groupe, il y a tout. Chacun a son rôle et sa force : Il y a ceux qui sont spécialisés*

dans les pièges ; il y a ceux qui transforment la personne qu'on veut manger en animal plus facile à attraper ; il y a les "éperviers" qui vont capturer les proies un peu plus compliquées ; il y a les "chats", c'est-à-dire les malins qui blaguent les personnes qu'on cherche pour les emmener petit à petit vers nos pièges ; il y a des cordonniers qui mettent des "mauvais" médicaments dans les chaussures de ceux qu'on guette ; il y a des vendeuses de beignets ou autres nourritures chez qui ceux qu'on guette n'ont pas le droit de venir manger sinon, c'est fini pour eux ; on a des couturiers pour les habits des cibles ; il y a beaucoup de choses. Je ne peux pas tout citer. Souvent, au lieu de tuer, on prend la chance des gens pour la donner à d'autres ou pour la mettre dans un canari. Ce qui est sûr, la sorcellerie que nous pratiquons a des dessins maléfiques... Pour tuer, c'est sur programme. Tant qu'on ne t'a pas encore programmé, tu peux vivre à l'aise. Mais si tu es programmé, ne dors pas sur tes lauriers, car on ne s'arrêtera que lorsqu'on t'aura eu. »

Nous avons pu assister à de nombreuses « enquêtes » menées de la sorte. On ne les citera pas nécessairement *in extenso*. Mais il reste possible de les résumer, à titre d'illustration.

À Grémian par exemple, village situé à la sortie de Divo, sur l'axe Divo-Lakota, suite au décès de Dame Cécile Dogo, le voyant Mathieu Didi de Grobiassoumé, surnommé « Commissaire », a fait avouer Blaise Dogo, son père. En guise de réparations, et afin d'avoir la vie sauve, ce dernier a offert aux autres membres de la famille divers objets, notamment des pagnes traditionnels « Kitas », habituellement utilisés lors des grandes cérémonies (mariages, obsèques…). Et a du indiquer l'identité de ses complices : Pierre Titio ;

Gozé François Okobé ; Dogo Eugène Aladjé (Frère cadet de la défunte) et Oulibloudou Daniel Zinda. Il s'agissait pour ce père de s'acquitter d'une « dette »[88] envers les autres membres de la confrérie. L'instrument utilisé fut un canari « découvert » enterré par le « commissaire » et contenant un couteau ainsi que des déchets humains.

Dans le village de Gnémian, un prédicateur d'une église évangélique a également avoué avoir « tué en sorcellerie » son frère aine afin de pouvoir bâtir son église. Cet aveu fit suite à la découverte d'un canari enterré et contenant un diplôme de CEPE[89] ayant appartenu au défunt, une pièce de 5 F, du coton et des gris-gris. Ce canari a été déterré d'une bande de terre située entre la tombe du frère défunt et la maison du prédicateur. Interrogé sur la signification de ces objets, le voyant-guérisseur à l'origine de cette découverte a expliqué que le diplôme, une fois ensorcelé, permettrait de nuire à l'épanouissement professionnelle de la cible, que le rôle de la pièce de 5 F était de permettre de porter atteinte à l'esprit entrepreneurial de celle-ci, que le coton enfin, qui faisait référence à l'ordre de la médecine, était destiné, une fois maléficié, à empêcher toute maladie survenue de guérir.

Dans la quasi-totalité des villages investigués, les décès restent interprétés comme résultats d'attaques mystiques. La mort étant un phénomène naturel, en résulte une vie sociale dominée par la crainte de l'accusation en sorcellerie et des relations se développant dans un contexte marqué de paranoïa. Toute manifestation de la matière vivante et toute interaction entre les systèmes vivants est ainsi susceptibles de donner lieu

---

[88] De donner une âme en échange d'une autre reçue auparavant de la part d'un autre membre de la confrérie.

[89] CEPE : Certificat d'Etude Primaire Élémentaire. Il s'agit du diplôme d'entrée en 6e qui sanctionne la fin des études primaires. Le diplôme du CEPE découvert porte les références suivantes : N° FS/499. Nom : ZIGBLILI. Prénom : Aimé. Date et lieu de naissance : 10/01/1978 à Oumé. Date de délivrance : le 06/12/1990. Autorité signataire : I.E.P/U.P N'Guessan.

à de telles interprétations quand surviennent des dommages Une telle atmosphère se trouve alourdie par l'obtention, au moyen d'actions diverses, d'aveux formulés le plus souvent par des victimes désignées.

VI. Sciences occultes, sentiment victimaire

Seuls, mais le plus souvent au sein d'une confrérie, les sorciers font diversement usage de leur science en matière criminelle. Il importe pourtant de faire attention ; certaines pratiques criminelles sont liées à ce qui se nomme ordinairement de la magie. Il ya là un « truc », un procédé rationnel méconnu du grand public et qui produit son effet, mais rien de mystique pourtant. Les travaux de Paul Carton, (1935)[90], ont inspiré une intéressante typologie de ces pratiques.

Paul Carton (*Ibid.*), commençât très vite à identifier dans ces écrits ce après quoi courre l'homme ; le bonheur, la réussite. « *Les vœux ; le pouvoir ; la volonté de fasciner ou de commander ; le désir de devenir maître et souverain ; le fait de vouloir être heureux, de vouloir réussir, s'enrichir, jouir de certains privilèges sans fournir d'effort véritable ; en un mot les souhaits, les ambitions, les passions sont les éléments qui alimentent la pratique de certaines sciences occultes dont la Magie, requérant de ce fait une occultation des faits en vue d'une part de sceller plus concrètement le lien entre l'opérateur et la réalisation de l'objectif à atteindre (pour ne pas permettre à un grand nombre de détenir le secret ; comme pour dire que la Magie sans secret n'est plus magique) ; et d'autre part, à éviter le regard des curieux qui d'un moment à un autre peuvent susciter ou déclencher la réaction sociale.* », dit-il.

---

[90] **Carton Paul** (1935) : *La science occulte et les sciences occultes*, Paris, Librairie Le François, *1935*, in-8, broché, 430 pp.

C'est cet attrait pour le bonheur qui sert d'appât aux magiciens de rue, explique à Divo un praticien de cette discipline, Dago Philibert : « *Dans le cas général, le magicien vise à distraire, émerveiller, épanouir un public, son public. La Magie, c'est avant tout la ruse.* », note-t-il. Le magicien dans la cité, précise-t-il, jongle avec des symboles, des écrits, pour faire rire. Avec ses outils symboliques et ses vêtements colorés, le bateleur est un maître dans son art. Ce terme désigne une personne qui fait des tours d'acrobatie, d'adresse, sur les places publiques. Il est un amuseur public associant travail et jeu. En distrayant, il détourne aussi l'attention afin de réussir ses tours.

C'est également l'attrait pour l'acquisition assurée de biens sans trop d'effort qui fait de certaines personnes de futures victimes des magiciens de ruse au savoir-faire indéniable. Il s'agit ici d'une forme d'escroquerie. Car la ruse peut être utilisée aux dépens de personnes motivées par l'appât d'un gain facile ou qui se croient intelligentes. Un adolescent, nommé Valpo, dont la magie de rue constitue la principale source génératrice de revenus, nous a montré le secret du fonctionnement de deux tours ; celui dit des trois boites d'allumettes (dont l'une est pleine et les deux autres vides), et celui dit du jeu de cartes (la rouge gagne et la noire perd). Il n'y a là rien d'occulte. Tout le processus est rationnel en effet. Cette pratique se résume en un ensemble de connaissances privées qui requièrent l'habileté de l'opérateur ; l'irréel et la fiction résidant en dehors de la magie. Cette magie requiert une équipe et un matériel adéquat, approprié, à côté de l'habilité des opérateurs. Le cas du phénomène des « Djinanmory » illustre parfaitement ce propos. Et la confusion mainte fois entretenue entre magie et mysticisme. Il s'agit du jeu de cartes évoqué plus haut et aussi dénommé « Rouge gagne, noir perd ». Selon Valpo : « *Nous formons un groupe de complices à qui on donne le secret du procédé afin qu'ils gagent. Leurs victoires sont destinées à appâter le passant qui finit par croire que tout le monde peut gagner. Le premier badjou*[91] *qui s'engage à miser sera plumé... On le "têguê "*[92] *et puis 'y'a fohi'*[93]. »

Les deux pratiques « magiques » exposées plus haut ne possèdent aucun trait commun avec l'occultisme. Elles se caractérisent, comme tout processus rationnel, par des certitudes, des caractères précis et présents, plus que par des aléas de la divination. Or le mysticisme est différent ; derrière l'entité et la pensée matérialisée, il prétend porter le cachet et la signature d'une force invisible qui en aurait été l'architecte.

Bien sûr, la distinction avec les sciences traitant de la *psyché* n'est pas toujours évidente à établir. Mais l'occultisme n'est pas non plus de la psychologie, ni même du magnétisme au sens où on le définissait aux siècles passés. Monsieur Wu, médecin chinois établi à Divo établit très bien le parallèle. Il nous explique : « *Pour réussir un traitement réformateur où on se heurte à d'étranges difficultés, il est utile, voire nécessaire de maîtriser les sciences occultes des signatures. Les médecins, les psychologues, les psychiatres et autres ne diront pas le contraire.* » La « médecine des signatures », comme la cranioscopie remontant au XIXe siècle, au début des sciences modernes, prétendait, l'on s'en souvient, étudier, « deviner », la personnalité, les forces et faiblesses psychiques de chacun, par la simple observance de certaines parties du corps humain. Chirologie, graphologie, physiognomonie... entrent dans le champ de ces sciences parallèles, utilisant des procédés épi-rationnels mais dénuées de fondement occultes, et pouvant bien sûr fonder le dispositif de pratiques délictuelles.

91 ***Badjou*** : en langage populaire argotique ivoirien, client, idiot, naïf...

92 « ***On le têguê*** » : en langage argotique ivoirien : on le plume, on le termine.

93 « ***Y a fohi*** ! » : en argot ivoirien, interjection signifiant littéralement « Il n'y a rien ! ». Rien ne nous arrivera de répréhensible.

Il existe encore des sciences dites occultes et divinatoires, telles que l'on les retrouve sur toute place de foire ou dans certaines agglomérations. Astrologie, nécromancie, spiritisme, médiumnisme, cartomancie, rhabdomancie… entrent dans ce lot de pratiques faisant, pour certaines, appel à des « esprits », bons ou mauvais, supposés, contre rémunération, pouvoir communiquer avec le spécialiste.

De façon ramassée, Paul Carton, (*Ibid.*), précise que certains hommes (les sourciers par exemple), se comportent comme des « condensateurs d'énergie magnétique ». Leur magnétisme serait capable de s'accorder avec d'autres « circuits » et de se mettre en résonance avec eux.

De cette conception duelle de l'homme, corps/esprit, découle cette idée maîtresse : les sciences occultes d'influence, entre les mains de personnes spontanément animées de dons, permettraient l'exercice naturel d'une influence ou d'un contrôle exercé sur d'autres, sur le plan moral et spirituel. L'homme ne communiquerait donc pas avec ses semblables, seulement par les sens (toucher, vue, odorat, ouïe…), mais également par l'esprit, au moyen d'échanges qualifiés de « magnétiques », d'occultes, de « fluidiques », voire de surnaturels quand cela touche aux esprits et autres composantes supranaturelles censées peupler le cosmos. L'africain noir, pour cela, vit toujours dans la crainte d'une « attaque » sournoise en sorcellerie toujours possible contre sa personne. Et décrypte le réel et les assauts combinés de la maladie, de l'échec ou de la mort sous le prisme d'une influence extérieure malveillante.

Au plan opératoire, les moyens d'action de ce type d'attaque portant le déséquilibre jusqu'à l'atteinte de la force vitale de l'individu, sont très étendus ; ils vont de la simple suggestion jusqu'à la possession, en passant par le magnétisme, l'hypnotisme, la télépsychie et l'envoûtement. Et il n'est pas toujours évident d'éviter, même chez P. Carton, (*Ibid.*), la confusion entre ce qui relèverait de la simple emprise psychologique (processus de manipulation mentale pour parvenir à ses fins, pas seulement réservé aux pervers narcissiques, mais pouvant aussi concerner de nombreuses situations du quotidien – parents et enfants ; homme et femmes ; leader et militants, etc.), de ce qui ferait intervenir des procédés mystiques et magiques (envoûtement, possession) visant l'expropriation de la volonté personnelle par dépossession de l'« âme ». Dans ce dernier cas, on note l'introduction d'une volonté étrangère, qui se substitue à celle du sujet, non sous l'effet d'une manipulation, mais par abandon de soi à des forces surnaturelles (le « Démon » par exemple) manipulées par un opérateur extérieur, ici un sorcier.

Ainsi comprise, chaque procédure dite « magique » obéit à une double définition, selon qu'elle fasse ou non-appel à une dimension surnaturelle. La suggestion, l'hypnose, l'emprise… peuvent ainsi toutes être référées, tantôt à un magicien de rue possédant l'art de la ruse, et en usant pour distraire ou pour escroquer, tantôt à un acteur puisant dans des vérités anciennes et spirituelles et donnant à la magie son caractère mystique. Les procédés magiques, tels que les sortilèges, font appel aux esprits, et sont supposés pouvoir priver de leur liberté des victimes, les détruire, ou simplement, par manipulation, les pousser à accomplir des choix amoureux, des actes immoraux ou criminels, que dans leur état naturel les personnes auraient réprouvés. De même, l'emploi de la suggestion peut être appris dans le couple ou en management de la vente. Ou encore être spontané chez certaines personnes dotées d'une aptitude particulière. Mais sa technique peut également procéder de la magie. Comme telle, elle peut s'exercer en bien comme en mal, selon qu'on sème de justes pensées dans une intention bienfaisante ou, au contraire, des pensées malveillantes dans un but égoïste ou maléfique.

Dans le mysticisme africain, cette action du sorcier sur le sujet ne tient pas toujours à la présence immédiate du premier ; elle se produirait la plupart du temps à distance. La catalepsie et le somnambulisme, ainsi compris, se produiraient non par effet de facteurs physiologiques et psychologiques internes spécifiés, mais par action d'une « force fluidique » extérieure censée, à distance, perturber et orienter les pensées et les actions d'un tiers.

Quant au syncrétisme, propre des religions vaudoues et des pratiques mystiques relevées en Côte d'Ivoire, à Divo et Lakota, il s'explique : les voyants et sorciers ivoiriens, comme leurs confrères du Bénin, ou des Antilles, voient dans la religion chrétienne une confirmation de leur lecture du monde, car ils considèrent que les transferts de bénédictions du prêtre ou du pasteur à leurs ouailles constituent des procédures d'extériorisation de forces magnétiques puisées dans le divin, puis transférées sous l'onction sacramentelle aux individus. Vie minérale et végétale, vie animale et humaine, vitalité organique et corporelle, activité physique et intellectuelle, se rejoignent toutes en effet, en religion chrétienne comme animiste, pour constituer un tout fait tout à la fois d'équilibres nécessaires et de contraintes opposées. Il existe dans ces deux acceptions apparemment opposées du vivant du fait de cultures différentes, occidentale et africaine noire, une synthèse appropriée postulant, à côté des éléments manifestes du vivant, une large gamme de forces invisibles, hiérarchisées, manipulables, et aux effets mystérieux, en bien ou en mal. C'est cette synthèse que reprend le Vaudou. Et que, à quelques nuances près, du fait notamment de l'absence d'un corpus théorique cohérent, l'on nomme sorcellerie sur notre terrain d'étude.

Dans la quotidienneté, cette question est intéressante, car religion chrétienne, protestante notamment, et pratiques issues des religions animistes, se rejoignent très souvent, à tel point qu'il n'est pas toujours évident de pouvoir tracer la séparation entre ces deux champs de la religiosité.

Le voyant-guérisseur chargé des désenvoutements et que la presse populaire aime à qualifier de « bon sorcier » est décrit par nos enquêtés comme une personne fréquentant les lieux de culte. Cela, pour nous signifier son supposé attachement aux valeurs issues de la religion monothéiste chrétienne et le bien-fondé de ses intentions. Certains mêmes en font une référence en matière pieuse. Il s'agirait, nous dit un sujet décrivant un de ces voyants, d'une personne : « … *craignant Dieu et agissant en conformité aux lois religieuses. Sa crainte pour les sanctions divines l'empêche de s'adonner à des dérives. Il dit la vérité, car ses prédictions se réalisent. Il sait la véritable genèse des évènements et fournit les justes explications de faits que tous considèrent comme mystérieux ou exposent d'une façon erronée. Il jouit de protections invisibles et parfois même, il est doué de puissance quasi miraculeuse. L'on raconte même qu'il peut ressusciter les morts. Il aime la solitude et le silence, loin des honneurs. Il parle au nom des divinités en qui il croit. À ce titre, il est incompris des siens, méprisé, calomnié et honni par les méchants, par les sorciers.* ».

Comment ne pas voir, dans cette description, un ressenti empirique du syncrétisme ? Dans cette approche, le « bon sorcier » va à l'Église, croit en ce Dieu monothéiste venu de l'Occident, sans pourtant renoncer aux siens propres, possède des pouvoirs de divination, administre des protections mystiques au moyen certainement de gris-gris tout comme de prières incluant des références bibliques. Il est méprisé par les « mauvais-sorciers », qui certainement le considèrent comme déviant, et, *deus ex machina*, est même supposé, à l'égal de Dieu, pouvoir ressusciter les morts, tant serait vive Sa Sainteté supposée.

Mais comment, également, ne pas y découvrir une annonciation de l'apologie du mouvement évangélique contemporain dans lequel, en Côte d'Ivoire, il est donné de constater une prolifération de « pasteurs » répondant aux nombreuses préoccupations induites par la vie citadine ? Ils y répondent, ces pasteurs modernes en effet, par des procédés divinatoires et de guérisons à tous points semblables à ceux issus de la mythologie africaine noire – de sorte que l'on peut parler d'une africanisation du mouvement chrétien dans son ensemble, en continuité d'ailleurs avec certaines communautés, telle celle du prophète Albert Atcho, apparues depuis les Indépendances.

On les voit ainsi, ces pasteurs, « délivrer » les âmes perdues ou entreprises par les sorciers, « augmenter » – contre rémunérations et par des prières – les chances de succès professionnels, encourager des investissements financiers dans des fonds de placement « oints par le Seigneur », ou prétendre résorber telle ou telle affection, poussant certaines personnes à se détourner des soins médicaux prescrits au bénéfice de périodes de jeûnes et de prières censées apporter la guérison.

L'image du pasteur contemporain et du « bon sorcier » guérisseur, dans la description qui nous est faite en amont, se rejoignent donc et soulève l'énigmatique question de ceux-là que très souvent la *doxa* qualifie de « faux-prophètes, eut égard à certains abus (sexuels, financiers…) relevés ci et là et faisant parfois la une des quotidiens ivoiriens. Car toue emprise, comme on l'a vu, peut également servir des dessins malveillants – et par là, sans porter l'emblème du guérisseur traditionnel, se rapprocher du charlatanisme. Car, de « faux prophètes » ou « charlatans » se revêtissent parfois du manteau de la religion, se faisant visionnaire, prophète, etc. De sorte qu'il soit aujourd'hui possible de convenir de l'existence de frontières brouillées entre mysticismes et religions en Afrique, notamment en Côte d'Ivoire.

Reste que ce débat n'est pas l'essentiel ici. Sauf à relever la possibilité d'intentions malveillantes dans le champ de la religiosité. Et à noter le syncrétisme de procédés puisant, chez des adeptes de la religion chrétienne comme chez ceux des religions animistes, à la fois dans les écrits et procédés issus de la bible et dans l'usage d'instruments traditionnels tels des philtres, charmes, amulettes et pierres précieuses, etc., en milieux urbain comme rural.

Analyser les fats de déviance à partir des faits de sorcellerie relève donc d'une interrogation de la réalité, notamment en milieu rural. Tenants du sens commun, les populations interrogées relèvent que les sorciers (malveillants) ou présentés comme tels seraient tous des déviants. Cette préemption ne se réfère nullement à un apriori ou à un jugement de valeur d'emblé posé par le chercheur. Et il ne faudrait pas sous-évaluer la présence de la déviance culturelle dans le lot des actes répréhensibles.

Chez les Dida de Divo et Lakota, l'interconnexion entre les mondes visible et invisible (celui des esprits) est indiscutablement présente dans la conception faite du monde. De là l'idée d'un certain « silence » dans les rapports d'équilibre. Tout ne se dit ouvertement, car les différents types de réalité s'entrecroisent, se combattent, ou se révèlent si certaines règles ne sont pas respectées, si des blessures sont faites. Dans cette approche systémique, c'est, au-delà d'un sujet, toute la famille, voire la communauté, qui est concernée quand survient une maladie, un décès.

Dans ce jeu d'équilibre – et de pouvoir – la présence des sorciers est déterminante pour asseoir les contacts entre le visible et l'invisible. Les personnes interrogées établissent une claire démarcation entre le guérisseur-voyant, source de diffusion de la force surnaturelle dans le réel, et celui que l'on nomme trivialement, voire péjorativement le « sorcier », qui dans le quotidien assure également ce rôle, mais en portant atteinte à la force vitale des personnes et en transformant la force des esprits en énergies apportant le malheur.

Par leurs affinités spécifiées avec l'anthropophagie mystique, les « terroristes primitifs » opèrent en confrérie de nuisance. Charges maléfiques, pactes, envoûtements, utilisation de déjections, de cheveux, d'ongles, de débris d'habits… tous ces objets manifestes du vivant sont utilisés par eux de manière discrète et secrète pour atteindre leurs fins. Les moyens de cette engeance sont illimités : projection de double, invocations, transformation, autohypnose, formules, etc.

Un voyant-guérisseur, prétendant se démarquer des « sorciers », nous décrit longuement ce processus d'initiation visant à transformer un individu en « mangeur d'âmes » :

> *« Celui qui a un pouvoir maléfique le transmet par étapes successives. Il détecte dans la famille de nouveaux postulants. Puis on les initie pour agrandir le groupe. Une fois cela fait, on donne à ces derniers une recette diabolique qui va pénétrer leur cœur pour ne pas qu'ils dévoilent les secrets de la confrérie. Ceci place le nouvel initié en contact permanent avec les autres sorciers, et le pousse à une certaine obstination dans le mal. Plus la recette fait effet dans l'âme de l'initié, plus il commence à s'ouvrir au monde des sorciers, monde où il pourra lui-même se rendre une fois toutes les étapes initiatiques franchies. Avec le temps, il découvrira l'ensemble des autres membres et pourra accomplir certains actes. Il faut être complètement initié pour découvrir l'identité du chef de la confrérie, ainsi que des chefs hiérarchiques. Il pourra alors participer, nu, aux réunions sacrées. Entre temps, il aura alors signé un pacte avec le Souverain-maître, c'est-à-dire le Diable. À ce stade, l'initié ne pourra plus jamais faire marche arrière ; au risque de perdre la vie. On lui fait en revanche la promesse de richesses infinies et de la possession d'un avion mystique personnel.*
>
> *Le jour de l'initiation à proprement dit, on immole un bœuf qu'on prépare. La viande est conservée dans une grande marmite placée devant les chefs hiérarchiques. Les uns et les autres passent à tour*

de rôle prendre leur part. À première vue, les nouveaux initiés penseront qu'il s'agit de chair humaine, ce qui les découragera de se servir. Mais sur injonction des anciens, ils le front. Le mets sera devenu alors de la viande de bœuf. Et à leur première bouchée, ils se feront acclamer. Vient alors le moment où ils feront la promesse de sacrifier des personnes chères en échange du repas tout juste consommé. Et séance tenante, ils citeront les noms des personnes promises et fixeront un délai d'exécution. Après ces engagements, ils reçoivent leurs avions mystiques respectifs. Et font désormais partis de la confrérie. En tant que tels, ils connaissent désormais et sont autorisés à faire usage d'instruments variés : les "bombes mystiques" qui provoquent des accidents ; les recettes-poisons pour ronger la peau, donner des maux de ventre, des maux de tête chroniques et incurables, le cancer et d'autres maladies qu'on mettrait au compte du SIDA, etc.

Après un certain temps, les anciens appellent celui qui a tenu promesse en sacrifiant une personne de sa famille. Il s'agit, par un cérémonial spécial, d'endurcir son cœur, afin que, au milieu des pleurs, il sache garder son sang-froid, et jouir en silence de ses méfaits, comme on le lui a appris. Il sera alors en mesure de fournir d'autres victimes à la confrérie. Après l'enterrement de la victime, le corps est généralement déterré, sur un plan occulte ; puis emmené dans un monde parallèle, pour être transformé en bœuf, cabri, etc., en vue d'être dégusté.

Lors des grandes rencontres de sorcellerie, tout sorcier "ordinaire" est tenu de fournir une âme à sacrifier, tandis que les chefs hiérarchiques en fournissent cinq au moins. Au mois de décembre, on comprend que ce nombre puisse être augmenté. Des évènements malheureux tels que des maladies, des accidents de la route, des décès, de l'infertilité, des échecs scolaires ou professionnels, se produisent tout simplement parce que des individus visés sont, malgré eux, entrainés dans la sphère du drame. Par exemple, un sorcier prendra l'aspect d'un individu sale, peu ragoutant, se présentera à vous et tentera avec vous de rentrer en contact. En vous en moquant, en le rejetant, en l'injuriant même, vous vous ferez alors marquer ; et serez ainsi susceptible de subir, sous peu, un drame. Une telle tentative d'entrée en relation constitue en fait un prétexte, une provocation. Voilà pourquoi la sagesse enseigne la pondération en toute circonstance, et qu'il s'avère dangereux de s'en prendre au plus faible, d'injurier ou de fâcher un inconnu. En se mettant en état de péché en effet, par une attitude égoïste, irrévérencieuse, déplacée et inutilement offensante envers le plus faible ou la personne âgée, on se sépare de la protection fournie par le divin, et l'on rejoint le chemin du mal au bout duquel nous attend le sorcier. »

La plupart des moyens d'action des sorciers se rattachent à des pratiques bien identifiées : magnétisme, suggestion, hypnotisme, télépsychie, dédoublement, envoûtement.

La suggestion et l'hypnose à distance se pratiqueraient par le contact direct ou sur des éléments touchés ou appartenant à la victime : une feuille d'écriture, un contact rapide, une prise des poignets, un objet ou une somme d'argent donnée par la victime, le partage d'un repas, etc.

La définition commune donnée de l'envoûtement en fait une opération magique, maléfique, visant à influencer autrui ou à infliger des dommages à une personne par le biais d'une image la représentant. Paul Carton (Ibid.), à ce sujet, distingue, selon les intentions, l'envoûtement de haine de l'envoûtement d'amour. L'on pourrait également la comprendre, telle que définie par les enquêtés, comme une forme distante de suggestion maléfique, imposée par un renforcement magnétique matérialisé sur le double ou l'inconscient plus ou moins extériorisé d'un individu. Cette action serait supposée retentir ensuite sur le conscient du sujet ; ce qui l'amènerait, puisque « piégé », à ressentir un sentiment ou une impression imposés par enchaînement et par contrainte.

Quant au vampirisme dit « ordinaire », il se traduirait par une sorte de « succion anthropophagique » des « forces vitales et psychiques » de la victime. Des individus considérés comme turbulents, exaspérants, envahissants, certains débiles ou certains vieillards qui entoureraient d'une tendresse intéressée des sujets rayonnants ou en pleine santé pratiqueraient cette forme d'absorbation sur un mode inconscient. Ainsi, un vieillard marié à une fille plus jeune, voire pubère, prolongerait sa propre existence par absorbions régulières de la force vitale de sa partenaire obligée, qui elle, se détériorerait. Le vampirisme serait également l'œuvre (consciente cette fois-ci) d'occultistes démoniaques visant à soustraire à des fins criminelles les forces vitales d'un tiers. Le sorcier « positif » – le voyant guérisseur, le refuge dans la religion, constitueraient alors les voies idoines susceptibles d'entrainer le désenvoutement. Exceptionnellement encore selon les enquêtés, se donnerait à voir une sorte de « vampirisme post-mortem » ; le double d'un sorcier décédé continuerait ses méfaits après sa mort. Ceux-ci ne cesseraient qu'après exhumation du cadavre et pratiques de rituels appropriés.

Le satanisme n'est pas une religion, mais une pratique, un choix de vie, visant à l'unification de Soi au Démon. Sans rejet formel de la croyance en l'existence du Dieu des chrétiens, un choix est clairement opéré en faveur d'un style de vie contraire aux valeurs de la chrétienté. Les passions prennent le dessus, au détriment de toute morale. Des passions de plus en plus furieuses et de plus en plus insatiables faisant de l'être l'esclave de ses plaisirs. Le mensonge, la tromperie, le besoin de sensualité, l'orgueil, la vanité... sont recherchés, l'individu étant protégé de toutes représailles humaines et/ou divines par un pacte avec le Démon (Satan en l'occurrence), censé lui garantir invulnérabilité et pouvoir. Le satanisme concerne donc des pactes qui sont à la fois des imprégnations et des engagements express ou tacites, conscients ou inconscients, et qui lient entre elles des forces occultes, par contacts et mélanges de leurs matérialisations. L'agent magnétique de participation le plus puissant est le sang ; ensuite viennent les sécrétions organiques variées : salive, mucus, sécrétions, matières excrémentielles. Pour cette raison, les charges magnétiques de haine et de destruction constituent des charges démoniaques où le sang a toute son importance. On le retrouve utilisé pour les signatures du pacte avec le Diable, pour les repas sanglants sacrificiels... Tout autre fluide émanant du corps (la salive notamment, les urine également), servent de lien et de mode de transfert pour des actes malveillants menant à l'envoûtement (de haine notamment) ou au vampirisme.

Cette plongée dans l'exégèse des utilisations de sortilèges s'achève, pour l'heure, sur la lycanthropie. La lycanthropie ou transformation passagère d'un homme en « loup-garou » ou en tout autre animal, serait une aptitude rare réservée aux sorciers les plus expérimentés. On l'appréhende ici comme dédoublement et matérialisation d'un corps astral sous une forme animale. Selon Doudou Gnabéli, tradi-praticien : « *Des sorciers sont capables de se transformer en hommes-panthères, en hommes-lions. On a envoyé devant les tribunaux coutumiers des hommes qui, armés de griffes de fer, confessaient avoir la faculté de se transformer la nuit en félins dévorateurs de gens.* »

Toute forme de mise en relation implique donc, dans cette philosophie africaine noire, un risque encouru. Raison pour laquelle les relations en ANT, et même encore aujourd'hui, s'entretiennent sous le règne de la suspicion et d'une paranoïa généralisée. Toute action est susceptible d'entrainer une faute (l'irrévérence), et subséquemment une punition de degré varié (perdre son chemin, perdre l'équilibre sans explication manifeste…). Face à l'intrusion ressentie du déséquilibre que provoquerait l'acte de piraterie psychique, il faut un coupable désigné : le sorcier, le parent, l'Ancêtre. Et il n'est donc pas rare d'entendre des pensées verbalisées sur ce mode victimaire, puisque l'on n'est responsable de rien, la faute incombant toujours à autrui : « *Elle a volé la chance des enfants de sa rivale – ou de sa sœur – en sorcellerie.* » Ou encore : « *Les sorciers lui ont volé sa promotion.* » etc.

VII. Facteurs explicatifs de la sorcellerie en tant que phénomène criminel

Plusieurs facteurs expliquent la pratique de la sorcellerie en tant que phénomène criminel. On en distinguera trois, selon qu'ils soient internes, externes et psychosociaux.

7.1. Facteurs internes ou endogènes

Selon les tradipraticiens interrogés, il pourrait s'agir d'un choix inhérent à la personne elle-même. Qu'il s'agisse d'un choix opéré par gout, engagement ou résignation, des facteurs comme la jalousie, l'envie, la colère, le désir de vengeance, la volonté d'expérimentation et le besoin d'assouvissement sexuel, trahissent des tendances individuelles à l'exploration de potentialités nouvelles permettant d'assouvir les passions.

Des cas peuvent être présentés qui permettraient d'étayer cette idée. Le premier arroge à la femme, comme la psychiatrie le faisait à ses débuts quand il s'agissait d'hystérie, une inclinaison prédominance et « naturelle » pour la sorcellerie. Rattachée au Diable, dans une pure continuité avec la pensée chrétienne archaïque, la femme se trouve en effet ralliée au péché originel. Perçue comme étant plus sensible que l'homme, elle serait également plus encline à se soumettre aux influences mystiques, voire démoniaques. Au plan opérationnel, il lui serait d'ailleurs plus facile de s'y adonner, simplement car son organisme produit de multiples ingrédients naturels issus de sa constitution biologique ; menstrues et placenta notamment, très prisés dans la fabrication de maléfices. À y voir de près, sorcellerie et sournoiserie apparaissent dans cette morale patriarcale comme des attributs féminins, à même de compenser chez la femme son désavantage physique par rapport à l'homme. La sexualité « frémissante » de la femme ferait d'ailleurs d'elle, selon André Ahipo, un voyant-guérisseur, une candidate toute désignée pour la pratique de la sorcellerie.

Le second appareille l'âge avancé à une plus grande pratique de la sorcellerie, tous genres confondus. Accompagnant la décrépitude physique de la vieillesse, la sorcellerie servirait de contrepoids à la perte de vitalité. On retrouve ici, encore, et sous une forme nouvelle, l'indicateur de cette pensée typiquement africaine noire ; celle du pouvoir justifié comme instrument d'équilibration des forces ; au plus faible donc, la force surnaturelle sert de viatique.

Relations sexuelles, autorité, responsabilités sociales, ces attributs de l'homme ordinaire viennent en effet à se trouver en crise une fois venu l'âge de vieillesse. Afin de renouer avec eux, et ainsi s'opposer à son propre déclassement social, celui que confère le statut de personne dépassée, inutile – et faible, la personne âgée convoquerait, expliquent nombre d'enquêtés, une forme de revitalisation de son Moi et de ses liens. Au plan métaphysique, concèdent-ils alors, il y a maintien de l'équilibre ; le « corps astral » devenant d'autant plus opérationnel que s'amenuiseraient les forces physiques du fait de la fatigue, des handicaps ou des maladies. Gare alors à celui, plus jeune et inconscient du danger, qui indument se moquerait d'un Ancien ! Les « vieux », nous dit-on, ont tout loisir d'approfondir, par l'esprit, leurs connaissances métaphysiques, et d'en user opportunément à l'encontre de l'irrévérencieux.

L'âge enfantin constituerait également un indicateur. Dans la pensée Dida, l'esprit de l'enfant serait considéré comme *tabula rasa*, seulement fait d'ignorance et d'illusions. L'éducation serait ce qui ferait de l'enfant un homme, puis un adulte accompli. Naturellement sans défense, un tel esprit, à ses débuts, connaitrait une grande fragilité aux essences sensibles de la sorcellerie. L'homme nait en effet, explique à nouveau le voyant André Ahipo, égocentrique et envieux[94], c'est la société qui le transforme et le socialise. Avant cet aboutissement que conférera le statut d'homme fait, tout peut advenir. Car jalousie, envie de possession, désir de domination, rancune, sont des produits enfantins que, justement, les confréries aiment à explorer puis exploiter afin d'assurer leur recrutement. Et leur survivance. « *Ne voulant*

[94] Cette pensée traditionnelle, psychologisante, prend à rebours la célèbre pensée de Jean-Jacques Rousseau selon laquelle l'homme nait bon, mais t la société le transforme.

rien partager avec autrui, il sera prêt à s'adonner à la pratique de la sorcellerie pour éliminer ses concurrents afin d'être seul, le centre du monde. », dira-t-il, parlant à la fois de l'enfant et du sorcier.

Les handicaps physiques, enfin, closent cette nomenclature des facteurs individuels. Dans le processus d'adaptation, l'incapacité à assurer un vigoureux déploiement de forces physiques semblerait être compensée en tout individu par une exagération des capacités mentales et spirituelles pouvant incliner vers la sorcellerie. On retrouve, comme précédemment, cette recherche de l'équilibre bio-psycho-social, chère à la pensée africaine noire, d'autant plus justifiée ici que le handicap, synonyme de faiblesse, nécessite pour l'homme de s'armer contre d'éventuelles « attaques ». À la manière de la personne âgée, esseulée, mais jouissant de temps pour apprendre, moquée, mais alors mue par la rancune, ou de l'enfant doté de sensibilité particulière à l'égard des formes immatérielles peuplant le vivant, la personne souffrant de handicap trouverait au sein des confréries une famille nouvelle, compréhensive, capable de hausser son estime de soi et de lui fournir les armes susceptibles de lui permettre d'assurer sa défense au milieu des autres, dits normaux.

7.2. Facteurs externes ou exogènes

Un acte antisocial ou même délictueux n'est pas toujours l'expression d'une personnalité anormale. Il y a parfois lieu d'indexer des facteurs exogènes, au sens de Francini Aldo, seulement compréhensibles par rapport à la réalité humaine et sociale de l'individu. Sont principalement retenus ici, selon les enquêtés, la précarité et les conflits intrafamiliaux.

Face aux déconvenues (maladie, pauvreté, accidents, chômage…), rien n'est plus habituel, dit Georges Devereux, (*Ibid.*), que de produire un récit téléologique. En Afrique noire, l'Autre, le sorcier, est le bouc émissaire tout désigné par un système de pensée imputant à autrui l'origine de tout mal, dit Marc Augé, (1982)[95]. L'explication amenée se bâtit donc généralement sur un mode accusatif. Et plus proche – biologiquement s'entend – l'on se trouverait du membre de sa famille ainsi incriminé, plus violente serait la réaction du ou des victimes supposément maléficiées.

Outre les facteurs biologiques exposés plus haut, facteurs permettant de discriminer entre les personnes logiquement suspectes et les autres, il en existe un autre, de nature sociale : la pauvreté. Car ce qui pose problème, c'est le déséquilibre – vécu comme un manquement au principe posé en amont de justice intrafamiliale. Le jeteur de sort se trouve en effet être partie prenante des relations ordinaires et familiales de la victime. Dans cet écosystème non forcément territorialisé, le conflit équivaut à une rupture de l'harmonie ; et la sorcellerie à un système de régulation sensé ramener à une situation de *santé,* où tous occupaient dans le groupe une place définie, et acceptée. En ce sens, la solidarité africaine, tant vantée, s'apparente à une solidarité « obligée », fondée sur la loi morale, et un mode subséquent de répression. Et c'est bien pourquoi, assez facilement d'ailleurs, le voyant-guérisseur, après « diagnostic », ne fait souvent que confirmer l'identité de qui était déjà largement soupçonnée ou soupçonnable.

Il est enfin rare, d'après les propos rapportés, que supposés sorcier et victime de sorcellerie se réconcilient ; même si vivant tous deux dans le même village, dans une certaine proximité donc. Cela pour dire que les conflits au sein de la famille constituent sans doute également, avec le cortège d'irrévérences et de commérages colportés qu'ils impliquent, une autre source exogène d'incubateur à l'infini de cette forme sociale de paranoïa alimentant les accusations en sorcellerie criminelle.

---

[95] **Marc Augé** (1982) : *Génie du paganisme*. Paris, Gallimard, Bibliothèque des Sciences, 344 p.

On peut exciper ici d'un exemple. Marie, une femme fatiguée par de nombreuses maternités, auxquelles s'ajoutent les multiples taches ménagères, récrimine régulièrement contre son homme. Celui-ci en retour la brutalise quand elle l'accuse de la tromper. Puis il tombe malade et ne parvient pas à guérir malgré les soins « traditionnels » prodigués. Très vite, la femme est accusée, par lui-même et des membres de sa famille, de sorcellerie. Elle l'aurait *gbassé* (ensorcelé), afin de se venger de lui ; elle le soupçonne en effet, avoue-t-elle, de vouloir prendre une seconde épouse, et peut-être même, de la répudier, elle et ses nombreux enfants. Paul Azido, voyant-guérisseur, croit à cette réinterprétation des faits conflictuels faisant de la femme battue et délaissée une « sorcière ». Et il l'explique : « *Les inquiétudes, les peines, les drames de Marie ont fait d'elle la proie d'une pratique à laquelle sans doute elle ne pensait pas au départ. En maudissant son époux infidèle, elle a en quelque sorte agi sous la contrainte de la rancœur ; et elle a trouvé dans cette action une compensation.* » Au moment des faits qui sont ici retranscrits, il est peu probable en définitive de penser qu'un tel ménage puisse encore longtemps se survivre.

7.3. Facteurs psychosociologiques

Si l'âge avancé constitue, entres autres, un facteur retenu pour expliquer l'intrusion dans la métaphysique malveillante, les sujets interrogés y associent deux autres, plus psychosociologiques, susceptibles d'emporter la décision même en l'absence de conflit ; le désir de découvertes et la rancœur.

« *Il y a parmi nous, explicite un sujet d'âge avancé, certains qui rentrent dans une confrérie pour voir comment cela marche, ou encore qui s'adonnent à la sorcellerie par plaisir de faire du mal. Ils sont vieux, n'ont plus peur de mourir, alors ne craignent pas les éventuelles représailles s'ils étaient découverts.* ».

« C'est généralement dans sa quête du mystère que l'Homme accède au domaine de l'occultisme et des sciences occultes. », ajoute un autre. L'homme ordinaire, nous explique-t-il, veut tout savoir, tout tenter, tout découvrir. Contre le pouvoir de l'Église, contre celui des leaders locaux, ou la richesse de certains, il éprouve une certaine rancœur. Et se demande « pourquoi pas moi ? », convaincu que derrière tout succès se cache une force occulte pourvoyeuse. « *Même un pasteur ou un devin-guérisseur peuvent s'y adonner, conclut-il.* » Avant d'ajouter *: « Des enfants sont aussi concernés. Parfois, des évènements surviennent dans notre vie et suscitent des "révoltes psychiques". L'enfant se rend compte que l'espoir placé en lui par ses parents s'est effondré. Que fait-il ? Pour rattraper son retard par rapport à d'autres, ou pour se venger de ces derniers, il ira, à l'insu de ses parents, consulter des fétiches, et ainsi gagner sa vie et découvrir le monde dans sa vraie dimension ».*

Même si toutes les entreprises évoquées juste plus haut n'apportent pas toujours la satisfaction escomptée, et même si l'individu peut ne pas découvrir l'objet de ses recherches, ces facteurs renseignent sur la caractéristique psychosociologique de certains individus. Ils seraient faibles, plus que les autres, face à la tentation sorcellaire. Il existerait ainsi en tout groupe humain, africain noir notamment, un niveau résiduel de sorcellerie. Les facteurs de tentations ne manqueraient pas qui inclineraient vers la pratique sorcière : âge, genre, précarité… Mais seules certaines personnes finalement passeraient à l'acte. Cette conception durkheimienne au sujet de l'objet social sorcellerie ferait référence à des éléments constitutifs exacerbés par l'environnement. Il s'agirait d'une forte propension à la jalousie, à la rancœur, et à un certain égocentrisme et à de l'indifférence affective quant au mal possiblement infligé à autrui. De la sorte, certains individus disposeraient d'un seuil faible de tolérance aux frustrations et emprunteraient plus facilement la voie de la sorcellerie pour réagir aux artéfacts sociaux négatifs, que la majorité des autres personnes de la communauté.

On touche là, en définitive, au cœur des morales africaines, lesquelles, à l'opposé, louent les vertus comme la solidarité, la tempérance, la sagesse, le travail… Et c'est sans doute par rapport à ces valeurs-là que ce sont déterminés nos enquêtés. De sorte aussi que le soupçon en sorcellerie peut découler de la simple observance du comportement ordinaire de tel ou tel individu dans le village, sans toujours, comme nous l'indique l'exploit des cercueils interrogés, que soit nécessaire la présente d'un « spécialiste » en la matière.

Chapitre IV.
Conséquences de la sorcellerie, mesures existantes

I. Les conséquences

D'une manière générale, et directe, la pratique de la sorcellerie accroîtrait le sentiment d'insécurité des populations et alimenterait les conflits en milieu rural. Notre enquête a révélé que de tels conflits évoluent très rapidement vers des vengeances privées : violences et voies de fait, exacerbation des rivalités, accroissement des frustrations, maltraitances, perpétration parfois d'assassinats, voilà un agrégat de ses conséquences possibles. On a bien vu en quoi cette pratique contribuerait à la déstructuration de la cohésion sociale. Car, comme facteur confligène, ses donataires se mettraient en marge de la société pour en réguler les forces, sans toujours cependant en assumer la dangerosité, et sans toutefois que la société ne puisse, valablement, en répondre.

Il y a encore lieu, en sus et dans la partie qui suit, d'examiner ce que l'on nommerait ses conséquences indirectes. Celles-ci porteraient sur l'envoûteur lui-même, sur la société et sur le voyant-guérisseur.

1.1. Conséquences sur l'envoûteur

Le sorcier est exposé à trois types de risques ; celui du choc en retour, celui lié au non-respect du pacte d'échanges entre confrères et celui de la stagnation ou dégénérescence physique et sociale.

La notion de « choc en retour » renvoie en pays Dida aux conséquences néfastes pour l'envoûteur en cas d'insuccès. Si l'envoûtement n'atteint pas la personne voulue, ou son but, le sort jeté se retourne sur l'opérateur, expliquent les enquêtés. « *Rien ne doit interférer pour brouiller le circuit sorcier-ensorcelé. Le maléfice sinon revient à son point de départ. L'envoûteur ressentira d'autant plus ses effets nocifs que les forces mises en action étaient puissantes. S'il lui arrivait de mourir entre temps, ce sont ses propres descendants qui éventuellement pourraient subir ce contre-choc.* », indique un voyant-guérisseur.

Quant au pacte, il est tel que chacun à son tour, les membres de la confrérie se doivent de « livrer » à l'appétit des autres un membre de sa famille biologique. Ainsi sont éloignés les risques de soupçon, puisque cette anthropophagie rituelle africaine est essentiellement d'ordre familial et lignagère. S'abstenir à son tour d'un tel sacrifice équivaut à un *casus belli* ; la communauté des confrères dispose quant à elle de tous moyens pour s'éviter une telle disette et « manger » l'âme du réfractaire ou d'un membre de son agrégat familial.

Par stagnation ou dégénérescence enfin, l'on fait référence à la faible probabilité qu'auraient les imprécations rituelles, le plus souvent malveillantes, à offrir richesse et santé à leurs opérateurs. Dans le fond, le lien établi entre sorcier et victime est d'abord linéaire, unidirectionnel et maléfique. Il vise à produire un mal, à absorber l'autre dans son essence ou ses projets. Mais tel qu'établi, n'implique pas un retour bénéfique et direct pour le sorcier. La richesse, la santé, le bonheur sont issus d'un monde matériel hors de portée pour des gens inscrits dans l'immatériel. Et dont la force spirituelle vise plus à abaisser l'autre qu'à s'élever soit même au milieu des autres. Ainsi que le rapporte un interviewé : « *Quand tu les vois généralement, ils sont maigres et très pauvres, semblables à des hommes trop tôt vieillis ou habités de l'Enfer.* ».

1.2. Conséquences sur la société

La pratique de la sorcellerie est censée contribuer au plan judiciaire (art. 205 du CP), à la perturbation de l'ordre public et porterait atteinte aux personnes et aux biens.

Ses effets supposés seraient en effet divers. Dans le couple, selon l'ONG CALDCS, « *Elle débouche en effet sur la manipulation des humeurs et des sentiments de la femme et de l'homme... ce, au gré du sorcier qui suscite la débauche, sème la stérilité et la frigidité à travers une prise d'otage des individus par les incubes ou » maris de nuit » et les succubes ou « femmes de nuit ».* ».

Au plan social, du fait du discours interprétatif issu de l'éthos culturel, la pratique sorcellaire est vécue comme instrument de déstructuration sociale et d'appauvrissement. Les accidents, les maladies, les décès, tous événements dramatiques privant la société et ses segments de bras valides, productifs et utiles aux liens de solidarité, lui sont imputés.

Dans une perspective gestaltiste, comme le notait Jean-Marie Delacroix, (1994)[96], un tel prisme fait définir toute réussite et tout échec des projets de développement (routes, dispensaires, écoles...) comme résultante des épreuves de force entre culture du village et celle de la ville occidentalisée. Psychologiquement donc, les échecs des possibilités de changement sont attribués par cet inconscient collectif africain à la sorcellerie, laquelle porterait la responsabilité des entreprises non abouties. Le statut de sorcier est ainsi celui d'un être porteur d'agressivité, synonyme de frein au changement. Statut auquel s'oppose celui du voyant-guérisseur, maître en « psychodrame-rituel ».

---

[96] **Jean-Marie Delacroix** (1994) : *Gestalt-thérapie, culture africaine, changement - Du Père-Ancêtre au Fils Créateur*, Paris, L'Harmattan, Collection Psycho-logiques, 268 p.

1.3. Conséquences sur les voyants-guérisseurs

Interpréter les malheurs survenus dans son existence comme conséquences d'actes mystiques malveillants, pousse à aller consulter un voyant-guérisseur. Notamment en zone rurale. En résulte un lien entre le fait de se sentir victime d'une « attaque sorcellaire » et celui d'aller consulter un praticien culturel pour s'en défendre. Il revient ensuite à ce dernier d'intégrer ses clients par une réception de l'ordre de la sociabilité qui a toujours caractérisé l'Africain : paiements non tarifés laissés à la discrétion du « patient », visites à domicile, etc. Les prestations ont également pour fondement la « qualité » des soins, et subséquemment la réputation de leur auteur. Les bénédictions formulées par des clients satisfaits, enfin, seraient de nature à asseoir ou préserver cette réputation et à accroitre la « puissance » spirituelle du voyant. Par l'action indirecte du sorcier, le voyant-guérisseur se construit donc un « marché » grâce à un système de fidélisation.

Reste que les « contre-sorciers » pâtissent également de l'image peu ragoutante faite aux sorciers, certains les confondant. L'âme « écartelée » (Jean-Marie Delacroix, *Ibid.*), entre tropisme culturel traditionnel et vision du monde occidentalisée, l'Africain noir contemporain, même rural, peut assimiler l'un et l'autre des deux mystiques dans un entonnoir négatif, répulsif. Et alors se réfugier dans les Églises.

À noter donc que le contre-système sorcellaire du voyant-guérisseur n'est pas seul à bénéficier du climat de terreur généralisé induit par l'action supposée des sorciers. Encore faut-il ajouter à ce niveau que les Églises, et plus particulièrement certains mouvements évangéliques, produisent des Pasteurs, nous explique-t-on, qui jouissent parfois de pratiques syncrétiques les plus extraordinaires. Et que s'ils se présentent comme remparts aux désillusions et aux « attaques » mystiques, il ne serait cependant pas toujours aisé de se prononcer sur leur honorabilité. En matière pécuniaire et de meurs notamment.

L'acte de délivrance, comme don de soi, expose également le voyant-guérisseur au courroux éventuel d'un ou de plusieurs sorciers contrecarrés dans leurs desseins. « *Si la densité de mes activités peut me rendre malade, comme tout homme, nous confie un des leurs, ma crainte suprême est d'ordre mystique.* » Là-dessus, le témoignage retranscrit ici du plus célèbre voyant-guérisseur de la ville de Lakota, hélas aujourd'hui décédé, est édifiant. Au moment de cette enquête, le nommé Zrégui était diminué et s'exprimait avec difficulté. Il raconte :

> *« Les gens ont vu que je faisais des merveilles, je contrecarrais leur sorcellerie. Et j'avais gagné en renommée. Les gens ne disaient plus Gbaglêlilié, mais plutôt le "village de Zrégui". Cela rendait de nombreuses personnes jalouses. Certains m'ont accusé de sacrifier mes propres disciples ou des jeunes du village. Ce qui bien sûr était faux. Il est vrai que certains de mes disciples étaient morts. Mais pourquoi, me demanderiez-vous ? À cause des génies, tout simplement. Car il y a des règles à respecter dans la spiritualité. Notamment l'une d'elles qui est de ne point profiter de l'état de faiblesse des femmes venues en consultation pour en abuser. Et une autre qui interdit tout monnayage excessif des services rendus aux clients. Or, que faisaient ces disciples-là ? Tout le contraire ! Dans mon dos, ils extorquaient de l'argent aux clients pressés d'avoir un rendez-vous. Où, la nuit venue, allaient séduire certaines femmes, mariées parfois, endormies dans le camp. Ils ont donc été punis par les Génies. Non par moi. Et je n'y pouvais rien. Ces morts ces maladies en cascade,*

parmi mes propres disciples, ont gravement nuit à ma réputation. Car les gens se disaient : s'il ne peut sauver ses propres disciples, comment nous sauvera-t-il, nous ? Voilà la vérité. Quant à mes détracteurs, ils ont simplement profité de cet état de fait pour salir encore plus ma réputation. Ils l'ont fait par jalousie, car ils savent que je suis dans le vrai ; sinon, c'en était également fini pour moi. »

II. Actions en vigueur contre la sorcellerie

2.1. Le contexte

Les concepts utilisés ici sont tirés du terrain. « Sorcellerie » et « voyant-guérisseur » ont un sens pour les enquêtés. Sens qui ne renvoie pas forcement à d'autres réalités, ou pour lequel existent des parentés ailleurs. Et qui porte une problématique, celle des conflits, de leur gestion. Cette problématique se trouve assise sur un ensemble de croyances inscrites dans l'univers collectif des Ivoiriens actuels, citadins et surtout ruraux. Le phénomène étudié est ainsi un reflet d'une conception du monde, en même temps que d'une pratique générale, circonscrite ici à une localité.

Vaille que vaille, après les Indépendances, la vision en synthèse du monde, mariant univers matériel et immatériel dans tous les actes de la quotidienneté a survécu. Et s'oppose parfois à l'objectivisation qu'incarnent les Institutions républicaines héritées de l'homme « blanc », ou *blofoué*. Allant parfois jusqu'à contaminer la sphère du religieux monothéiste. Les hommes et leurs représentations du monde, les hommes et leurs interrelations, les hommes et leur rapport à la santé, à la conjugalité, à la fertilité, à la « chance » et à tout ce qui colore les « accidents de la vie », ne se comprennent ici sans référence à la surnature ; une logique téléologique (qui se suffit à elle-même) qui est donc de l'ordre du magico-religieux. Le passé et le présent sont reliés par un fil sur lequel, comme des funambules, se tiennent les acteurs et les contre-acteurs de la sorcellerie. Leurs actions font simplement l'objet de réinterprétations de la part du chercheur. Aucun d'eux, on le constate, ne remet en cause la vérité, c'est-à-dire la réalité ou l'essence de l'objet sorcellerie. Peuple profondément religieux, les Ivoiriens n'ont-ils pas d'ailleurs pour habitude de dire que « qui croit en Dieu croit au Diable ? » Que « Qui croit au Diable croit en la sorcellerie. » ?

Les activités sorcellaires apparaissent, à ce stade, de deux ordres ; celles portant atteintes à la santé et à la vie, et celles portant atteintes aux biens matériels comme immatériels (chance, mariage, emploi…). Les deux étant, indirectement, susceptibles d'entrainer des troubles à l'ordre public. La question abordée ci-dessus est de savoir comment la société s'organise-t-elle pour en juguler les effets, voire les contrecarrer.

Répondre à cette préoccupation nécessite que l'on détermine quels sont les acteurs impliqués dans cette tache. Il s'agit essentiellement des tradipraticiens, autrement appelés ici voyants-guérisseurs, des religieux et de certaines ONG.

2.2. L'action des voyants-guérisseurs

Le traitement des maladies d'essence surnaturelle, les soins à base d'onguents contre les pathologies dites « naturelles », la prévention contre d'éventuels désagréments d'origine mystique, la détection des sorciers, et le règlement des litiges, voilà un exposé satisfaisant de l'action des voyants-guérisseurs. De façon plus détaillée, et par ordre d'importance, ces actions se présentent comme suit selon les populations enquêtées :

Types d'action	Pourcentages
Désenvoûtements	30 %
Soins pharmacologiques	25. %
Surveillance spirituelle	20. %
Détection de sorciers coupables	15 %
« Traitements » des sorciers	10 %
TOTAL	**100 %**

Tableau 6 : Types d'action des contre-sorciers
Source : Données d'enquête

C'est l'origine de leur pouvoir, de leurs connaissances aussi, qui interroge. Apprises, ou révélées, on les voit le plus souvent rattachés à des intuitions ou des prédispositions supposément révélées par des « génies », brusquement surgis dans leur histoire de vie. Un sujet explique : « *Ces praticiens sont des individus ouverts au monde matériel, ils pratiquent donc une forme de médecine naturelle, et sensible à l'univers surnaturel qui leur offre la connaissance des choses invisibles. Ils bénéficient naturellement d'une certaine grâce, d'un certain privilège, d'un don des Dieux ou de la Divinité suprême. C'est cela qui leur permettrait de rentrer dans une certaine intimité avec ce monde végétal très diversifié.* »

Interrogés, ceux-ci nous rapportent d'ailleurs les motivations suivantes quant à leur « choix » pour cette activité professionnelle :

Types de motivation	Pourcentages
Recommandation divine	72 %
Enseignement mystique	20. %
Non révélés	8. %
TOTAL	**100 %**

Tableau 7 : Motivations du contre-sorcier
Source : Données d'enquête

Si l'on fait référence au groupe des apprenants (11 %), on découvre l'existence d'un double appel. Celui de nature divine d'abord. Dont l'invitation peut ne pas toujours être directement perceptible par le futur impétrant. Celui de nature humaine ensuite, médiatisé par un Ancien, interpellateur, et lui-même souvent en quête d'apprentis. L'un des membres de cette catégorie illustre cela dans ses propos : « *On m'a dit que j'avais un don et que si je le développais, je pourrais lutter contre la sorcellerie et sauver les gens. Comme j'ai vu que c'était une bonne chose, je suis allé voir le voyant qui m'avait interpellé, et peu à peu, il m'a montré ce que je devais faire pour développer mon don.* »

La catégorie « non révélée » interroge. Toutefois, si on fait la comparaison avec les études ethno-psychiatriques et ethnographiques antérieures, telle que « La notion de personne en Afrique noire »[97], on trouve une occurrence avec la situation des personnes autrefois psychiquement malades et maintenant stabilisées. L'enquête indique en effet que le « fou », la « victime » d'une « attaque » mystique peut, après un séjour prolongé pour des soins chez un tradi-praticien, devenir elle-même guérisseur. Georges Devereux (*Ibid.*), avait d'ailleurs il y a longtemps déjà, révélé l'existence de ce système restitutif en médecine traditionnelle africaine, facilitant une réintégration sociale culturellement acceptée. Cette question n'a pas pu être explorée plus profondément cependant, sans doute parce qu'on touchait là à l'intimité des questionnés.

On peut dire que, de manière générale, la très grande majorité des voyants-guérisseurs s'est bien sentie « appelée », ainsi que l'indique le pourcentage de 72 % de la catégorie « recommandations divines ».

---

[97] **Roger Bastide et Germaine Dieterlen** (Sous la direction de) (1973) : *La notion de personne en Afrique noire*, Paris, L'Harmattan, 596 p.

Les voyants-guérisseurs ne s'inscrivent pas, au fond, dans un polythéisme absolu. Ni dans un monothéisme abouti. Mais, entre les deux, dans une forme de démothéisme, impliquant une transformation des diverses divinités en une principale, qui les aura choisis, façonnés, et enseignés en favorisant leur vision spirituelle du monde. En ce sens, la relation à Dieu, aux Dieux, se veut non-actionniste. Comme le pensait Akhenaton, un siècle avant notre ère, le Dieu, même principal, ne juge pas, ne punit pas. Il agit au travers de forces spirituelles dont l'interprète avisé est l'élu, seul à même de traduire la volonté venue du Ciel, et d'orienter les conduites de ses semblables. La détection et le traitement des effets des sortilèges sorciers obéissent à cette logique, même s'il s'agit de troubles dits naturels, accessibles donc à la médecine moderne. Pour cette raison, le paiement du service, comme on l'a vu tantôt, n'est pas chose obligatoire. Car un don de cette nature ne se monétise pas. Ou très parcimonieusement. Au surplus, aucun de nos enquêtés n'a dit avoir choisi d'accomplir cette « mission » en vue de survenir à ses besoins personnels.

Quand le voyant « coupe les ailes » ou « casse les yeux » des sorciers, il n'agit pas *intuitu personae*. Mais transmet, par neutralisation d'un être malveillant, un ersatz de puissance qui autrement le dépasse. De même quand il soigne par des bandages ou des remèdes (baume, poudre…) venus d'autrefois, des membres fracturés ou des omoplates endommagées. Ses ressources ne s'arrêtent pas là. Car il est susceptible d'intervenir dans tout compartiment de la vie sociale ou professionnelle. Pourvu que l'on l'y invite. Par désenvoûtement, déterrement de canaris mystiques, etc. on le voit alors actionner son savoir en vue de consolider un ménage, chasser un mari ou une femme « de nuit », aider à réussir un examen scolaire ou universitaire, briser l'attirance d'un homme marié pour la soubrette de la maison, empêcher l'infertilité… .

Un exemple, celui de Mathieu qui raconte : « *Tous mes appareils électroménagers se détruisaient à répétition sans que l'on ne sache pourquoi. Quand advint le tour de mon véhicule, pourtant neuf, j'eus l'idée de consulter un voyant-guérisseur. Il me révéla sans coup férir l'origine de ces destructions ; des actes de sorcellerie de mon beau-frère et de ma sœur, jaloux. Je ne leur en dis pas un mot, pour ne pas créer d'inutiles conflits dans la famille. Je choisis plutôt de suivre les recommandations du voyant qui me fit faire un rituel (avec des sacrifices). Subitement, tout rentra dans l'ordre. Ma vie reprit forme.* »

La question du rattachement de cette « profession » aux procédures judiciaires héritées des Indépendances reste posée. Il y aurait, pour Paul Azôda, un voyant, beaucoup à faire en la matière. « *C'est toute la question de l'adaptation des deux mondes, moderne et traditionnelle qui se pose en fait, dit-il. Ce problème est d'ailleurs récurrent en médecine où, avec "souplesse" et l'air de rien, certains infirmiers ou médecins, issus de notre culture, dirigent eux-mêmes quelques un de leurs patients difficiles vers nous*[98]. ». L'extension de l'action rituelle au plan légal reste donc à régler, notamment en regard de la problématique du recueil de l'aveu.

2.3. L'action des ONG

L'Européen en sera certainement surpris. Car que signifie l'existence d'une ONG de lutte contre la sorcellerie ? Au lieu du paludisme, de l'ulcère de Buruli, du Sida, de la tuberculose, et peut-être demain de la Covid 19 ? Cette seule présence est un artéfact du contexte socioculturel ivoirien. L'ONG CALDCS (la seule à notre connaissance à intervenir dans ce domaine), veut comprendre la geste des sorciers, et les combattre. Elle n'a pas sa propre interprétation de la sorcellerie. Ni ne défend un dogme. Mais veut en réduire les

[98] Lire à ce sujet : **Michel K. Gbagbo** (2015) : *Quelle place pour les fous guéris* ? Paris, l'Harmattan, 228 p.

risques pour la santé des hommes, comme elle ambitionne, en tant qu'acteur citoyen, de peser de tout son poids pour que soient réglé en justice les conflits évoluant parallèlement aux accusations de sorcellerie dans les villages. Car, si, disait Marc Augé (*Ibid.*), il y a nécessité de distinguer soupçon et accusation, il y a aussi celle de séparer accusation et répression.

Dans cette perspective, la sorcellerie est conçue comme pathologie sociale, au même titre que la criminalité. Ainsi en témoignent les propos de Secrétaire Général de l'ONG : « *À côté des crimes ordinaires réprimés par les pouvoirs publics, existent des crimes spirituels de plus en plus nombreux et mal pris en charge. Ces crimes inquiétants font des ravages et ont une incidence sur la vie et l'existence des citoyens et vont parfois jusqu'à entrainer la mort. Il y'a donc lieu de s'intéresser à cet autre genre de crime et à son éradication.* »

Comme toute ONG, ses moyens d'action sont assez communs ; matériels et humains. Sa présence sur le terrain implique qu'elle soit active près des populations et des « sages » quand surgit un conflit. Elle tient également des archives sur les affaires, réglées ou non, dont elle a eu connaissance, ainsi que des statistiques. Elle bêtifie en outre d'un statut légal. Et dispose de certaines ressources financières essentiellement octroyées par ses propres membres, collabore avec les médias locaux (Radio locale, certains correspondants régionaux des quotidiens ivoiriens), et, avec les autorités préfectorales, policières et judiciaires, entretient d'excellents rapports. Le Secrétaire général ajoute : « … n*ous avons mené des actions de sensibilisation (Radio, conférences…), avons un projet de loi en attente de passer devant l'Assemblée nationale, et avons engagé des poursuites de plusieurs cas de criminels spirituels devant les tribunaux.* »

Ce que réitère cette ONG, c'est essentiellement encore, sur le plan juridique, les questions princeps, et d'une part, de la définition scientifique de ce que recouvrirait l'entité de

« criminel mystique », de ses manières de faire, de ses modalités d'action et du recueil de la preuve, et celle, d'autre part, dans la pure tradition du positivisme italien, de la rationalité pénale reposant sur le tryptique : légalité des incriminations et des peines ; utilité des peines pour la société et proportion nécessaire entre délits et peines.

Dans le fond, et à sa manière, puisque cette organisation se place du point de vue de l'accusation et de la répression, on peut dire qu'elle intervient dans le champ social et culturel pour espérer ramener la sorcellerie à son versant le plus sombre, celui d'une simple modalité criminelle. Elle veut la réinsérer dans son strict contexte puis la combattre comme délit conventionnel (au sens de Rafaelo Garofalo). Pour ce faire, elle vise à réduire la capacité criminelle supposée du délinquant culturel.

Peut-être, oserions-nous objecter, qu'y aurait-il sans doute lieu d'aller plus loin. C'est-à-dire d'opérer un changement paradigmatique plus complet. Et donc de considérer le sorcier, comme des études apparentées sur les exciseuses[99] nous l'indiquent, comme un acteur culturellement congruent et socialement utile, voulu et souhaité donc par les habitants eux-mêmes. Dans ce cas, l'ONG, perçue comme instrument de la domination citadine et étatique, verrait ses efforts refrénés par le milieu d'intervention. Il y aurait donc lieu de revisiter le concept de « victime », chacun pouvant, tout à tout, être demandeur ou victime d'une action sorcellaire. La réponse aux questions étant alors à rechercher moins dans la rupture avec le mysticisme ambiant que dans celle, plus englobante, de la résistance au changement.

[99] Voir à ce sujet **Ismailia Bakayoko, Michel K. Gbagbo et Massandjé Traoré** (2017) : De l'excision au nord et à l'ouest de la Côte d'Ivoire, In. *European Scientific Journal*, août 2017, vol. 13 n° 11, pp. 133-145.

2.4. L'action des religieux

À observer, il n'y a pas lieu d'opposer religions révélées et sorcellerie. Ni à leur intenter un procès en légitimité, aujourd'hui. Toutes s'insèrent dans le vaste champ de la religiosité ; la sorcellerie n'étant pas une simple pratique malveillante, mais une institution régulatrice adossée à une représentation du monde. Une autre raison encore à cette perspective en terrain interculturel : « *Actuellement il existe en Afrique subsaharienne environ 171 millions de musulmans, 88 millions de chrétiens, mais presque 90 % de personnes croient aux religions traditionnelles.* », Ferdinand Ezembe, (2009)[100].

Si, comme le mentionne l'auteur précédent, il se crée plus d'Églises en Afrique noire occidentale que d'entreprises, ce sont du reste les mêmes acteurs qui fréquentent, au regard de ce qui nous préoccupe ici, les milieux monothéistes et animistes ou démothéistes. Pour cette raison certainement, l'on constate empiriquement une forme de générosité bienveillante envers les « sorciers », quand ces derniers, à contrario, ne servent pas plutôt à légitimer, malgré eux, la prolifération de temples édictant les conduites spirituelles à tenir pour obtenir toutes sortes de « délivrances ».

Le lunatique, le possédé, l'insensé de la Bible, celui qui vit contrairement aux percepts divins, et que Dieu punit ensuite, est alors vu comme l'équivalent du sorcier, sorte d'Icare devenu « fou », en tous les cas « perdu », à force de contemplations malsaines et de jeux de pouvoir moralement interdits. Le « Tu ne tueras point » fait parti de ces interdits bravés, punissables, auxquels l'église oppose la repentance sincère, voire l'exorcisme censé, légitimement alors, chasser

---

[100] **Ferdinand Ezembe** (2009) : L'univers religieux, In. *L'enfant africain et ses univers*, sous la direction de Ferdinand Ezembe, Paris, Karthala, Collection Questions d'Enfances, 2009, pp. 65-84

hors de soi le démon manipulateur, tapi comme un symbiote au cœur du sujet.

À y voir encore, la victime d'un acte de sorcellerie, dans cette perspective tout à fait interactionniste, ne l'est que par sa croyance. Il s'agit alors, du fait de « jeûnes et prières », de rompre le lien ontologique qui nous lie à lui, de scotomiser une réalité pourtant profondément ancrée dans le psychisme, de remodeler donc la façon de voir le mal, par projection d'entités anciennes et introjection de vers nouveaux tirés des Livres. L'on n'est plus une simple « victime », passivement soumise à une attaque de l'ailleurs, mais, dans une engeance renouvelée, une victime participante, voire « précipitante », du fait de l'intériorité kystique, et de l'antériorité de notre conception du spirituel.

L'invitation au « calvaire » se prend en ce sens comme une opération salvatrice, auto-acceptée, de rupture de l'ordre ancien. Il s'agit d'offrir au sujet une voie de salut, sorte de baptême à nouveau qui, puisqu'établi en pleine conscience et en responsabilité, renforcerait à priori sa foi, mais surtout, son pouvoir défensif individualisé, contre le mal incarné par le sorcier. « *Pour tuer le mal, il faut d'abord le tuer en soi.* », nous confie un prêtre. « *Je crois aux sorciers, (à leur existence et leur pouvoir), mais par la prière, et au nom puissant de Jésus, ils ne me feront rien* ! », proclament en substance nombre de convertis enquêtés, mi-sincères, mi-convaincus.

Quant aux religieux, pasteurs et prêtres notamment, il leur arrive, surtout au début de leur prise de fonction, de se promener au cœur même des villages, et de lancer des imprécations publiques destinées à rompre tout type de sortilèges, disent-ils, et d'affirmer leur présence face aux sorciers.

Mais, avec un sourire amusé, un voyant-guérisseur tempère cette ardeur toute manichéenne : « *Ces gens-là ne comprennent pas la profondeur du mal. De même qu'un chien se tient tout prêt de son maître, mangeant ce qu'il mange, de même les sorciers prolifèrent grâce à leur présence insoupçonnée auprès des "homes de Dieu". S'ils ne se font pas eux-mêmes prédicateurs.* » Et d'ajouter : « *De même qu'un voleur offre un os au chien pour cambrioler la maison, de même un sorcier qui reconnait son ami, lui offre de partager "la viande" des victimes, afin de pouvoir se livrer, en toute impunité, et au sein même de l'Église, à ses activités. De sorte que par l'église et son rayonnement, être placé auprès d'un prêtre ou d'un pasteur est devenu, avec le temps, une position de choix.* » Et nul doute que chez les imams, qui, interrogés, déclarent agir par trois moyens contre la sorcellerie : la parole, censée ôter les fausses croyances ; l'exorcisme, supposé rejeter le Diable et les incantations avant la toilette, il en irait de même.

Conclusion et recommandations

Le phénomène de la sorcellerie, en Occident, a habité l'histoire des peuples. Et sa répression constituée une source d'abus. Sa pratique reste généralisée aujourd'hui, en Afrique occidentale, notamment en Côte d'Ivoire, terrain de cette étude.

Les procès en sorcellerie en Côte d'Ivoire, en ce début de XXI° siècle, se déroulent, ou auprès du tribunal coutumier, ou au sein des juridictions pénales. Notamment quand la victime supposée bénéficiait d'un certain aura, qu'il s'agisse d'une personnalité reconnue ou d'un important soutien familial. Il y a loin cependant de la « chasse aux sorcières » aux procès en sorcellerie sous la houlette des populations dida et débouchent parfois sur des actes de vengeance privée, ou atterrissent dans l'escarcelle du magistrat.

L'adéquation du tribunal moderne post indépendant à cette matière très culturelle continue de faire débat. Quant à la palabre traditionnelle, on la voit souvent dégénérer en conflits parfois meurtriers, en règlements de compte pour tout dire et ainsi échapper à ses mandants attitrés. En plus de son illégalité (non de son illégitimité), les sanctions avancées, telles que le paiement d'amendes, s'avèrent parfois inopérantes pour juguler les rancœurs. Et dissuader. L'Afrique noire en effet ne connait pas, traditionnellement, la prison, le bannissement et la honte si. Mais ceux-ci s'avèrent aujourd'hui inadaptés. Le recours aux vengeances privées ne manque donc pas, enfermant certaines communautés dans un cycle de violences alimenté par un sentiment partagé d'impunité. Et d'insécurité. Comment y remédier ?

La solution se trouve peut-être dans une redéfinition de qui est victime. De qui est sorcier. De comment s'octroie la preuve. II conviendrait pour le magistrat de s'asseoir sur un ensemble de pré-requis qui seraient : l'intention, les preuves matérielles, l'aveu. Il ne juge pas une croyance en effet. Mais un dessein, un passage à l'acte et une preuve. Il courrait, sinon, le risque de devoir connaitre de toutes les pratiques initiatiques largement tolérées dans l'environnement culturel ivoirien.

Le dessin, serait la volonté, exprimée par le fautif présumé, relevée par des témoins de l'enquête, de vouloir nuire à autrui, sa vie et ses biens. L'exploration des motivations est délicate. Car, chagriné, humilié, l'individu soupçonné peut appeler sur lui le soupçon. Par son comportement marginal. Ou par sa volonté non-exprimée de se pourvoir d'un statut réconfortant dans la communauté. Les preuves matérielles seraient la possession de ces objets spécifiques, matérialisant l'usage habituel de pratiques communément reconnues dans l'enclos tribal comme maléfiques. De même que la participation prouvée à des rituels pratiqués par des confréries identifiées. L'aveu, s'il venait, ne devrait, pour être valable, que découler d'un discours libre, clairement exprimé, et non de tortures ou de maltraitances découlant d'une soumission à la question. Il existe en effet, et heureusement, des indices concordants et intéressants : recettes, fétiche, poisons, sortilèges, gris-gris, amulettes… permettant d'objectiver la volonté manifeste de nuire à autrui et de lui porter préjudice, par tout moyen. Parallèlement, l'appartenance avérée à une confrérie, constitue un moyen supplémentaire d'enrichir la valeur de la preuve.

À l'inverse, les conflits liés à l'accusation en sorcellerie, s'ils devaient amener à des désordres ou des meurtres, ne devraient pas être ignorés par un Procureur qui a alors l'occasion de déployer les ailes impartiales de la justice, de faire jouer l'opportunité des poursuites. Car la justice est valable pour tous. Et nul en principe ne dispose du droit de se faire justice soi-même. En une matière où l'intuition du soupçon, s'il n'est contrôlé, entraine trop facilement moult débordements par rétroaction, ces étapes successives que sont le décès, la suspicion, l'accusation et le traitement du potentiel délinquant devraient demeurer sous la bannière des institutions républicaines. Notamment quand le terrain révèle des réalités confligènes par nature : illettrisme, analphabétisme, déclassement social et précarité. Mais aussi faiblesse institutionnelle et inadaptation du et au droit moderne. À l'appel donc des citoyens ruraux, il importe qu'en retour existât une réaction sociale prompte et adéquate.

La lutte contre les pratiques occultes délinquantes, s'est faite, depuis l'Afrique traditionnelle, par les populations elles-mêmes. L'Etat, en vue d'éviter les effets pervers de la justice directe, ce qu'incarne l'arbitraire de la vindicte populaire, a bien voulu les intégrer dans son champ d'expertise pénale, depuis 1981. Avec autant de succès que d'insuccès, du fait de l'immatérialité de l'acte.

Peut-être une loi spéciale viendra-t-elle redéfinir avec plus de précision et si cela s'avère possible, les composantes objectivables de l'acte délictuel rituel. Car jusque maintenant, le Code pénal, en son article 205, poursuit la sorcellerie, mais sans chef d'inculpation correspondant. Plus que tout, peut-être faudrait-il, comme c'est le cas au sujet de l'excision, s'intéresser moins à la sanction, et davantage à la prévention. Le sorcier, en effet, n'est ni un malade mental ni un assassin au sens propre. Mais un acteur du social dans un écosystème culturel dont il tire sa légitimité. Enfermez un sorcier, il en apparaitra dix autres. Car c'est l'éthos culturel qui les génère. D'où la nécessité de pénétrer cet enclos, d'y installer l'État, l'état de droit, d'y faire parler les médias, et d'y travailler, non atomistiquement, mais systémiquement, par l'éducation, la formation à d'autres « débouchés », et la valorisation de contre-modèles comme ceux de guérisseurs par les plantes et de tradipraticiens rattachés au corps médical. Enfin, il y aurait lieu de convoquer la science ethno-psychiatrique. Ce que peut le magistrat. Pour interroger la psychologie de l'aveu, ainsi que ses motivations conscientes et inconscientes.

Pour mémoire, on retiendra ce plaidoyer d'un responsable associatif de la localité de Lakota : « *Sachant que la Police et la Gendarmerie ne peuvent être partout présentes ni se prononcer sur un acte criminel immatériel, il faut pouvoir revoir notre position au-delà de toute considération (religieuse, ethnique, etc.), et penser une politique criminelle novatrice. Il s'agirait de prendre en compte les réalités ivoiriennes (ou africaines) relatives au mysticisme. De sorte à dédramatiser le social, et démocratiser la lutte contre ce type de fléaux. On pourrait ainsi solliciter l'appui des populations, des trdithérapeutes, pour éduquer, aider la justice. Il faut, en un mot, repenser la politique répressive, par appui sur ceux-là mêmes qui en connaissent beaucoup plus que nous, les érudits, dans ce domaine.* »

Enfin, *last but not least*, approfondir les recherches scientifiques, ethnographiques, en la matière, permettrait, dans un esprit critique, d'allier recherche et empirisme. Ce faisant, il y aurait éventuellement possibilité de comprendre davantage les rapports de force inhérents aujourd'hui à la pratique sorcellaire dans l'univers interculturel investigué. Ainsi que d'établir une épistémologie du recours au mysticisme, d'identifier les freins au changement liés à cette pratique et d'observer, mieux encore, la manière dont les acteurs se perçoivent, ainsi que celle avec laquelle ils perçoivent leur réalité propre.

Postface
Criminologie et délits culturels

Un livre ne se lit pas, mais s'emprunte. Puis dans les pas de son auteur, on avance afin de découvrir l'essence de ses pensées. Enfin, ce sont celles-ci que l'on restitue, sous forme d'analyses ou de commentaires. La lecture est donc un acte de partage, jamais achevé. Ainsi nous proposons ici de faire part au lecteur des réflexions que la démarche intellectuelle de l'auteur nous suggère.

La science avance par essai-erreur, c'est ce qui témoigne de son dynamisme et en fait une « construction humaine » (Jean C. Baudet, 2007)[101]. On peut considérer, au plan méthodologique, que l'observation, en tant que processus d'investigation des phénomènes naturels et culturels, est le premier outil dont disposent les scientifiques. Il est cependant admis que cet instrument est aussi susceptible de provoquer des biais dans le recueil des faits. C'est pourquoi, de plus en plus, les chercheurs choisissent, comme notre auteur, de minimiser le poids d'erreurs possibles en y adjoignant deux autres instruments, l'entretien d'une part, le recueil ethnographique à partir d'une grille standardisée d'autre part. Cette « triangulation des méthodes » permet notamment d'approcher au mieux le délit culturel que constitue l'acte de sorcellerie, en en faisant ressortir les déterminants à la fois endogènes et exogènes.

Cette façon de procéder, on la doit avant tout, en criminologie, aux positivistes italiens selon lesquels le délit, quel qu'il soit, résulterait toujours d'une multiplicité de

---

[101] **Jean C. Baudet** (2007) : *Histoire des sciences et de l'industrie en Belgique*, Bruxelles, Jourdan Éditeur, Terre des Belges, 337 p.

facteurs que les investigations devraient aider à mettre en évidence. Dans cette discipline-carrefour, les branches essentielles du droit, de la sociologie, de l'anthropologie et de la psychiatrie énoncent des théorèmes à caractère universel. Mais ceux-ci ne dispensent pas le chercheur, disait Enrico Ferri, (1893, 2004)[102], d'explorer au mieux le terrain pour réussir la saisie des multiples ressorts de l'étiologie criminelle. La théorie criminologique moderne, incarnée notamment par A. P. Pires, (1993)[103], appuie cette idée selon laquelle dépasser le débat entre criminologie « du passage à l'acte » et criminologie « de la réaction sociale » nécessite de porter une grande attention aux artéfacts sociaux et culturels.

Dans cette perspective, très proche de l'anthropologie criminelle, discipline neuve aux contours esquissés dans le célèbre ouvrage de Raymond Gassin, « Criminologie », (2007)[104], il ne s'agit pas d'opposer délits culturels (polygamie, excision, mariages forcés, conflits sorcellaires, etc.) et rationalité pénale. Il s'agit bien au contraire d'insister sur le fait qu'en terrain interculturel, en Afrique noire notamment, il y aurait des avantages, pour l'autorité judiciaire héritée de la colonisation, à s'adapter au contexte d'existence des acteurs. Chaque culture, en effet, témoigne de logiques propres, d'idéologies et de *praxis* qui conditionnent autant les comportements déviants que les types de réactions sociales. En prenant en considération cette donnée, on se met en capacité d'accroître la portée d'une lecture strictement pénale des délits. Le philosophe

---

[102] **Enrico Ferri** (1893, 3e édition 2004) : *la sociologie criminelle*, Paris, Dalloz, Collection Bibliothèque Dalloz, 648 p.

[103] **Alvero Penna Pires** (1993) : La criminologie et ses objets paradoxaux : réflexions épistémologiques sur un nouveau paradigme, In *Déviance et société*, Année 1993, 17-2, pp. 129-161.

[104] **Raymond Gassin** (6e édition 2007) : *Criminologie*, Paris, Dalloz, Précis, 823 p.

Spinoza ne disait-il pas que les cadres interprétatifs « déterminaient » le comportement ?

On retiendra également l'idée selon laquelle la réaction sociale a besoin, pour être efficiente, de bénéficier d'un consensus reposant sur au moins trois piliers : la présence de l'Etat, fût-ce dans les contrées les plus reculées, l'adhésion des populations et une définition claire de ce que l'on entendrait par délit – ici le délit mystique. Cette présence et cette adhésion paraissent demeurer encore, à ce stade de l'histoire de la Côte d'Ivoire, des défis à relever. Mais c'est surtout le dernier point que l'on souhaiterait développer ici.

La définition exhaustive de ce que serait le crime de sorcellerie n'apparaît pas dans le Code Pénal Ivoirien. Comment, dès lors, se demande-t-on, condamner un acte dont la nature criminelle ne se trouve pas objectivement étayée ? Il y a là un paradoxe dont la levée constituerait sans doute un préalable à l'existence même d'une justice équitablement rendue. Sans doute, au lendemain des Indépendances, ce débat ne constituait-il pas une urgence pour des élites en prise directe avec les impératifs du développement. Mais il serait peut-être temps, aujourd'hui, de remédier à cette « impasse juridique » à laquelle sont confrontés des magistrats ne sachant pas toujours comment interpréter le silence des textes de droit. Sans cela, le risque demeure grand, en substance, que les procès pour « crimes de sorcellerie » se transforment en simples jugements de valeur aboutissant à la condamnation de personnes innocentes. Ne peut-on envisager une option nouvelle permettant à l'État de protéger l'ordre public tout en garantissant les droits des inculpés ?

Nul ne saurait nier les difficultés de l'entreprise. On peut cependant les faire remonter à la naissance même de l'anthropologie culturelle.

La première erreur consista à opposer sorcellerie « blanche » et sorcellerie « noire ». Il est inutile, ici, de revenir sur les imprécisions d'une telle classification ainsi que sur les présupposés idéologiques qu'elle semble véhiculer. On relèvera que pour Raymond Bazaré il n'existe pas de différence de nature entre ces deux « types » de sorcellerie. Il s'agit toujours de pratiques mystiques puisant dans un éthos culturel local et ayant pour objectif d'exercer une action ou une influence supposément invisible sur un objet ou un être animé.

La seconde fut de ne pas se rendre compte d'emblée que les traductions issues du langage anglo-saxon des termes de « sorcier » et de « guérisseur », en ceux de *sorcerer* et de *witcher*, ne recouvraient pas exactement les réalités auxquelles elles étaient supposées se rapporter. Cela, d'une part parce que la vie communautaire traditionnelle en Afrique noire n'avait pas, semble-t-il, été l'objet de suffisamment d'investigations, et, d'autre part, du fait que les cadres interprétatifs d'une langue ne recouvrent pas toujours avec exactitude ceux issus d'une autre. Cette sorte d'approximation est particulièrement saillante lorsque l'on s'intéresse à la catégorie sociale du sorcier qui, selon les contrées, recouvre une variété de réalités difficilement réductibles à un seul lexème.

Par exemple, en Afrique noire, la dénomination de sorcier est initialement attribuée par les membres de la communauté à tout individu démontrant par ses dispositions attitudinales et comportementales propres une propension à recourir aux pratiques mystiques. Une telle caractérisation qualifierait une personnalité, mais non, comme cela transparait à travers de nombreux écrits, une fonction marchande définie pour toujours dans l'économie villageoise. L'on peut se référer à M.C. Adjoua, (1988)[105],

---

[105] **Marie Chantale Adjoua** (1988) : *Discours des jeunes ; Folie d'hier et d'aujourd'hui*, Thèse de Doctorat 3° cycle, Tome 1, Toulouse, Université de Toulouse – Le Mirail, 383p.

ou L.V. Thomas, (1975, 1988)[106], pour saisir au mieux toute l'acuité de cette problématique ; la pensée africaine noire ne séparant pas mondes visible et invisible, il n y a pas de véritable consensus en son sein sur ce que serait un sorcier (ce peut être un bébé, un guérisseur…), de sorte que le terme de « sorcier », » dont il ne faut pas ignorer le caractère en général péjoratif, serait improprement traduit par *sorcerer* si on devait considérer ce second terme comme son équivalent exact.

Le statut criminel de la sorcellerie est un sujet si délicat qu'il apparaît opportun que l'on s'inscrive dans une perspective néo-positiviste éloignée de l'ethnocentricité caractérisant les « africanistes » du début du XX° siècle comme M. Delafosse (1901)[107]. Une telle posture constituerait en elle-même une avancée, puisqu'elle permettrait, dans un premier temps, de dépasser la frontière établie de longue date entre pensées épi-rationnelle et rationnelle et, dans un temps second, d'aborder sans a priori la question de la pénalité en la centrant sur la définition de l'infraction, l'énumération de ses éléments de preuve, et l'appréhension, en toute neutralité, d'une forme de réaction sociale appropriée et objective.

Les chercheurs se sont régulièrement interrogés, dans le cadre d'autres disciplines comme la pédagogie ou la médecine, sur les difficultés rencontrées par les populations africaines pour s'adapter au changement. C'est ce débat qui refait surface ici en réalité puisque l'on se trouve confronté à une forme d'inadéquation entre comportements attendus et avérés. S'il est entendu que dans chacune des sociétés modernes existent des normes définies par la morale et par le droit, ces dernières impliquent toujours l'existence de

---

[106] **Louis-Vincent Thomas** (1988) : *Anthropologie de la mort*, Paris, Payot et Rivages, Bibliothèque scientifique 538 p.

[107] **Maurice Delafosse** (1901) : *Les Libériens et les Baoulé : nègres dits civilisés et nègres dits sauvages*. Édition Hachette BNF, 37 pages.

déviances et de sanctions. Quand la sorcellerie devient-elle déviance, quand et comment la sanctionner dans ce cas ?

On doit à R. Garofalo[108] d'avoir distingué les délits naturels (émanant communément des citoyens) et les délits conventionnels, définis pour un temps et touchant à la vie politique ou aux mœurs. Immatériels, les délits dits mystiques sont inatteignables par le droit pur autrement que par des preuves indirectes. Plus largement l'appartenance des délits culturels au champ de la déviance n'est possible que parce que la société a développé depuis peu un idéal de comportement dont ils représenteraient l'antithèse. Ils font donc l'objet d'une difficulté d'appréhension et d'une discrimination contextuelle axiologiquement non neutre, qui les fait tout de suite ranger dans la catégorie des crimes dits conventionnels.

L'examen du crime conventionnel nécessite en général – et surtout dans le cas qui nous préoccupe ici – un travail préalable de rassemblement et de précision des données linguistiques et ethnographiques. Il demande également, comme le rappelle Isabelle Fouchard, (2013)[109], afin de sortir de ce « clair-obscur où les infractions sont de nature ambigüe », qu'une approche segmentée du droit soit opérée (droit coutumier, droit local, droit international). C'est dire autrement, selon nous, que le droit positif napoléonien n'a pas forcement vocation à s'imposer partout comme compétent et que, pour la prévention et la répression des

---

[108] **Raffaele Garofalo** (1888, 1890) : *La criminologie : étude sur la nature du crime et la théorie de la pénalité*, Paris, F. Alcan, 452 p. Livre numérique disponible sur le site : http://classiques.uqac.ca/classiques/garofalo_raffaele/criminologie/criminologie.html

[109] **Isabelle Fouchard** (2013) : De l'utilité de la distinction entre les crimes supranationaux et transnationaux : traduire les processus d'incrimination complexes alliant droit international et droits pénaux internes, In *Revue interdisciplinaire d'études juridiques*, 2013/2 (Volume 71), p. 49-81.

crimes, existent des délits mal définis, diversifiés tant thématiquement que géographiquement, auxquels les régimes juridiques devraient s'ouvrir intensément et s'adapter pour plus d'efficience. En faisant cela, on pourrait mieux faire accepter la sanction quand survient un crime réel et aussi diminuer la prévalence des délits culturels Il s'agit donc de dépasser la doctrine pénale classique et de réfléchir aux implications découlant de cette distinction entre crimes naturels et conventionnels. Tant que la catégorie juridique à laquelle appartient la sorcellerie n'est pas clairement définie, il nous paraît difficile d'y associer une peine.

Il semblerait donc opportun, pour les chercheurs, les criminologues et les juristes de revisiter le cadre interprétatif de la déviance et de la réaction sociale, d'intensifier la réflexion sur l'établissement d'une jonction jurisprudentielle entre droits coutumiers et droits européens en dépassant les jugements personnels sur ce que seraient la sorcellerie et son traitement. C'est une démarche nécessaire en vue d'une action publique cohérente et légitime. Dans le Code Pénal en effet, il ne faut pas seulement voir des lignes, des règles, il faut surtout entr'apercevoir, en filigrane, ce que Guy Rocher, (1968)[110], nomme un « système social total » à repenser sans cesse. La possibilité d'une réelle maîtrise prédictive des trajectoires déviantes culturelles serait à ce prix. Cette démarche constituerait en outre un bouclier contre la justice directe et pourrait assez bien répondre aux préoccupations de la population. Comme l'a indiqué Marc Augé, (1976)[111], il existe une inféodation des principes coutumiers au profit des plus nantis parce que les questions

---

110 **Guy Rocher** (1968) : *Introduction à la sociologie générale*, Paris, Edition HMH, Collection Points, Tome 1, 189 p.

111 **Marc Augé** (1976) : Savoir Voir et Savoir Vivre : les Croyances à la Sorcellerie en Côte d'Ivoire, In. *Africa : Journal of the International African Institute*, Vol. 46, No. 2 (1976), pp. 128-136.

politiques et économiques ont pris une très grande importance aujourd'hui. Les conséquences de la réaction sociale directe dépassent souvent ce que l'on peut considérer comme tolérable et il y a donc lieu pour l'État de pénétrer le domaine réservé du droit traditionnel afin de le rapprocher des standards du droit moderne.

Dans le fond, les interactions entre crimes conventionnels et crimes naturels, auxquelles correspondent sans doute les difficiles relations entre droit coutumier et droit positif, n'ont pas fait l'objet d'une réflexion globale sur la manière efficace d'aborder les délits culturels. Un peu plus d'un demi-siècle après les Indépendances, la définition du délit mystique manque de clarification ; son processus de pénalisation reste à redéfinir et, dans le régime répressif applicable en Côte d'Ivoire, une trop grande marge de manœuvre est laissée au magistrat alors qu'il est dépourvu textuellement des moyens d'exercer juridiquement et matériellement ses compétences pénales. Ce sont les auteurs présumés de tels crimes qui trop souvent paient le prix de cet ensemble de carences. Le rapprochement entre droit coutumier et droit moderne pourrait en ce sens constituer un premier pas vers plus de rationalité.

Michel Koudou Gbagbo
Maître de Conférences
en Psychopathologie sociale

Indications bibliographiques

Abraham Nicolas et Torok Maria (2009) : *L'écorce et le noyau*, Paris, Flammarion, Collection Champs essais, n° 353, 494 p.

Aktouf Omar (1987) : *Méthodologie des sciences sociales et approche qualitative des organisations. Une introduction à la démarche classique et une critique, Montréal*, Les Presses de l'Université du Québec, 213 p.

Andoche Jacqueline (1993) : La « sorcellerie » dans l'explication du malheur psychique à la réunion, In. *Psychopathologie Africaine*, 1993, XXV, 2, p. 161-174.

Augé Marc (1976) : Savoir Voir et Savoir Vivre : les Croyances à la Sorcellerie en Côte d'Ivoire, In. *Africa : Journal of the International African Institute*, Vol. 46, No. 2 (1976), pp. 128-136.

Augé Marc (1982) : *Génie du paganisme*. Paris, Gallimard, Bibliothèque des Sciences, 344 p.

Augras Monique (1996) : Psychanalyse et sorcellerie. Notes de lecture, In. *Journal des anthropologues*, Année 1996, n° 64-65, p. 143-152.

Bastide Roger et Dieterlen Germaine (Sous la direction de) (1973) : *La notion de personne en Afrique noire,* Paris, L'Harmattan, 596 p.

Bayiga Alfred (1966) **:** Réincarnation et vie mystique en Afrique Noire, Colloque de Strasbourg, 16-18 mai 1963, paris, P.U.F., 1965, In. *Revue d'Histoire et de Philosophie religieuse,* Année 1966, 46-3, pp. 302-306.

Bakayoko Ismailia, Gbagbo Michel K. et Traoré Massandjé (2017) : De l'excision au Nord et à l'Ouest de la Côte d'Ivoire, In *European Scientific Journal*, Aout 2017, vol. 13 n° 11, pp. 133-145.

Berelson Bernard (1952) : Content analysis in communication research. Free Press, cité par Moon Torbey (2013) : *Le parrainage : un outil d'insertion professionnelle, l'exemple de Disneyland Paris et les jeunes diplômés de « nos quartiers ont des talents »*, IAE Gustave Eiffeil – Master 2 Gestion des ressources humaines internationales 2013, Mémoire online disponible sur l'URL : ttps://www.memoireonline.com/05/19/10795/m_Le-parrainage--un-outil-d-insertion-professionnelle-l-exemple-de-Disneyland-Paris-et-les-jeunes-di33.html#toc60.

Boudon Raymond (1969) : *Les méthodes en sociologie*, Paris, Presses Universitaires de France, Collection Que sais-je ? N° 1334, 126 pages

Boudon Raymond et *al*. (1999) : *Dictionnaire de Sociologie*, Paris, Les référents Larousse

Carton Paul (1935) : *La science occulte et les sciences occultes*, Paris, Librairie Le François, 436 p.

Conte Auguste (1970) : *Plan des travaux scientifiques nécessaires pour réorganiser la société*, Paris, Aubier-Montaigne, Collection La philosophie en poche, 170 p.

Delafosse Maurice (1901). *Les Libériens et les Baoulé : nègres dits civilisés et nègres dits sauvages*. Édition Hachette BNF, 37 pages.

Delacroix Jean-Marie (1994) : *Gestalt-thérapie, culture africaine, changement – Du Père-Ancêtre au Fils Créateur*, Paris, L'Harmattan, Collection Psycho-logiques, 268 p.

De Rosny Éric (dir.) (2006) : *Justice et sorcellerie,* Colloque International de Yaoundé, 17-19 mars 2005, Paris, Yaoundé, Éditions Karthala, Presses de l'UCAC, 387 p

Devereux Georges (1970) : *Essai d'ethnopsychiatrie générale*, Paris, Gallimard, 397 p.

Diop Birago (1981, 2002) : Le souffle des ancêtres. In. *Leurres et lueurs*, Recueil de poèmes, Paris, Ed. Présence

Africaine, 88 p.
Durkheim Emile (1897, 2e édition, 1967) : *Le suicide. Etude de sociologie*, Paris, Les Presses universitaires de France, Collection : Bibliothèque de philosophie contemporaine, 462 pages.
Duverger Maurice (1961) : *Méthodes des sciences sociales*, Paris, Presses Universitaires de France, Collection Thémis, 501 pages.
Evans-Pritchard E. E. (1965) : *La religion des primitifs. A travers les théories des anthropologues.* Paris, Petite Bibliothèque Payot, 152 p.
Ezembe Ferdinand (2009) : L'univers religieux. In. Ferdinand Ezembe (sous la direction de) (2009) : *L'enfant africain et ses univers*, Paris, Karthala, Collection Questions d'Enfances, 2009, pp. 65-84.
Fabrice Clément (2003) : L'esprit ensorcelé. Les racines cognitives de la sorcellerie, In. *Terrain* [en ligne], Revue d'anthropologie de l'Europe, n° 41 /2003 (Poésie et politique), mis en ligne le 11 septembre 2008. URL : http://terrain.revues.org/1670.
Favret-Saada Jeanne (1977) : *Les mots, les morts, les sorts, la sorcellerie dans le Bocage*, Paris, Gallimard, NRF, 332 p
Favret-Saada Jeanne (2009) : *De*sorceler, Paris, Éditions de l'Olivier, Collection « Penser/Rêver », 172 p
Gbagbo Michel K. (2015) : *Quelle place pour les fous guéris* ? Paris, l'Harmattan, 228 p.
Geschiere Peter (1995, 2005) : *Sorcellerie et politique en Afrique. La viande des autres*. Paris, Editions Karthala, Collection les Afriques, 320 p.
Glass Justine (1971) : *La sorcellerie*, Paris, Payot, Collection Aux confins de la science, 237 p.
Gresle François, Michel Panoff, Michel Perrin et Pierre Tripier (1990) : *Dictionnaire des sciences humaines. Sociologie, psychologie sociale, anthropologie,* Paris, Nathan, 382 p.

Holas Bohumil (1961) : *Changements sociaux en Côte d'Ivoire*, Paris, Presses Universitaires de France, 118 p.

Janin Pierre et Marie Alain (2003) : Introduction au thème ; violences ordinaires, violences enracinées, violences matricielles, In. *Politique africaine,* 2003/3 (n° 91), p. 5-12.

Jung Carl Gustav (2018) : *L'analyse des visions : le séminaire de 1930-1934*, Paris, Imago, 1400 p.

Kouakou Kouassi (2005) : La mort en Afrique : entre tradition et modernité, In. *Études sur la mort*, 2005/2 (n° 128), p. 145-149

La Greugne Pierre (1985) : *Les vrais secrets de sorcellerie*, Paris, Éditions l'Olivier d'Argent, 141 p.

Lecouteux Claude (1988) : *Fantômes et revenants au Moyen-âge*, Paris, Imago, 272 p.

Lévi-Strauss Claude (1962) : *La pensée sauvage,* Paris, Plon, Collection Agora, 347 p.

Levy-Strauss Claude (2003) : *Anthropologie structurale*, Paris, Plon, Collection Pocket, 480 p.

Middleton John (1963) : Witchcraft and Sorcery in Lugbara, In. John Middleton et Edward H. Winter éd. (1963) : *Witchcraft and Sorcery in East Africa*, Londres, Routledge and Kegan Paul, 1963, p. 257-276.

Monteillet Nicolas (2008) : Rosny Éric, Justice et sorcellerie, In. *Journal des africanistes*, 78-1/2 | 2008, p. 350-353

Ortigues Marie-Cécile et Ortigues Edmond (1966) : *Œdipe africain*, Paris, Plon, 335 p.

Paillé Pierre et Mucchielli Alex (2012) : *L'analyse qualitative en sciences humaines et sociales*, Paris, Armand Colin, Collection U, 424 p.

Palou Jean (2002) : *La sorcellerie*, Paris, Presses Universitaires de France, Collection Que sais-je ? 128 p.

Papa Ogo Seck (1994) : *L'idée de nation en Afrique*, mémoire online, Université Paris X, Doctorat, 1994, consultable sur l'URL :

https://www.memoireonline.com/09/06/211/idee-nation-

afrique-noire.html
Pinto Roger et Grawitz Madeleine (1964) : *Méthodes des sciences sociales*, Paris, Dalloz, Collection Précis Dalloz, 2 volumes, 994 p.
Quaretta, Edoardo (2017) : *Enfances ambigües : anthropologie des enfants accusés de sorcellerie au Katanga (RDC).* Préface de Bogumil Jewsiewicki. Paris, L'Harmattan, collection La Région des Grands Lacs Africains, 2017, 284 p.
Quid Noemi (1984) : *Les rites secrets de l'envoûtement et du désenvoûtement*, Paris, Éditions l'Olivier d'Argent, 182 p.
Rapoport Amos (1972) : *Pour une anthropologie de la maison*, Paris, Dunod, 207 p.
Retel-Laurentin Anne (1974) : *Sorcellerie et ordalies, l'épreuve du poison en Afrique noire, essai sur le concept de négritude*, Paris, Anthropos, 367 p.
Rocher Guy (1968) : *Introduction à la sociologie générale*, Paris, Édition HMH, Collection Points, Tome 1, 189 p.
Rocher Guy (1968) : *Introduction à la sociologie générale*, Paris, Édition HMH, Collection Points, Tome 2, 258 p.
Rocher Guy (1968) : *Introduction à la sociologie générale*, Paris, Édition HMH, Collection Points, Tome 3, 318 p.
Róheim Géza (2000) : *L'animisme, la magie et le roi divin*, Paris, Payot et Rivages, Collection Science de l'homme Payot, 458 p.
Roussellier Nicolas (2009) : Touraine (Alain), In. Jacques Julliard et Michel Winock (dir.) (2009) : *Dictionnaire des intellectuels français : les personnes, les lieux, les moments*, Paris, Le Seuil, pp. 1359-1360.
Schmitz Olivier (2009) : Quelques réflexions sur les limites à la moralisation des procédés ethnographiques dans l'étude du magique, In. *ethnographiques.org*, n° 17, novembre 2008 : L'éthique en anthropologie de la santé : conflits, pratiques, valeur heuristique, en ligne et consultable à l'adresse URL suivante :

https://www.ethnographiques.org/2008/Schmitz – (consulté le 19.10.2020).

Simmel Georg (1998, 3e édition 2005) : *Les pauvres*, Paris, Presses Universitaires de France, Collection Quadrige/Grands Textes, 102 p.

Sissoko Alain (1996) : *Comment développer la criminologie* Abidjan, EDUCI.

Sow I. (1977) : *Psychiatrie dynamique africaine*, Paris, Pay(280 p.

Terrail Jean-Pierre (1979) : La Pratique sorcière. Éléments po une sociologie de l'agression magique, In. *Archives* (*Sciences Sociales des Religions*, Année 1979, 48/1, (juill(septembre), pp. 21-42.

Touraine Alain (1973, 1993) : *Production de la société*, Par Le Seuil, 544 p.

Van Campenhoudt Luc, Marquet Jacques et Qui Raymond (5e édition entièrement revue et augmentée 2017 *Manuel de recherche en sciences sociales*, Paris, Duno Collection Sciences Humaines et sociales, 382 p.

Wittmann Marc (2011) : *Top Secret Révélations d'un Unive étonnant. 1re partie*, Éditeur Lulu [en ligne], 440 p.

Zempléni Andras (1966) : La dimension thérapeutique du cul des rab (Ndop, Tuuru, Samp : rites de possession chez l wolofs et les lebu), In. *Psychopathologie Africaine*, Dakar, 3(1966), pp. 295-439.

Table des matières

Structures éditoriales du groupe L'Harmattan

L'Harmattan Italie
Via degli Artisti, 15
10124 Torino
harmattan.italia@gmail.com

L'Harmattan Hongrie
Kossuth l. u. 14-16.
1053 Budapest
harmattan@harmattan.hu

L'Harmattan Sénégal
10 VDN en face Mermoz
BP 45034 Dakar-Fann
senharmattan@gmail.com

L'Harmattan Cameroun
TSINGA/FECAFOOT
BP 11486 Yaoundé
inkoukam@gmail.com

L'Harmattan Burkina Faso
Achille Somé – tengnule@hotmail.fr

L'Harmattan Guinée
Almamya, rue KA 028 OKB Agency
BP 3470 Conakry
harmattanguinee@yahoo.fr

L'Harmattan RDC
185, avenue Nyangwe
Commune de Lingwala – Kinshasa
matangilamusadila@yahoo.fr

L'Harmattan Congo
67, boulevard Denis-Sassou-N'Guesso
BP 2874 Brazzaville
harmattan.congo@yahoo.fr

L'Harmattan Mali
Sirakoro-Meguetana V31
Bamako
syllaka@yahoo.fr

L'Harmattan Togo
Djidjole – Lomé
Maison Amela
face EPP BATOME
ddamela@aol.com

L'Harmattan Côte d'Ivoire
Résidence Karl – Cité des Arts
Abidjan-Cocody
03 BP 1588 Abidjan
espace_harmattan.ci@hotmail.fr

L'Harmattan Algérie
22, rue Moulay-Mohamed
31000 Oran
info2@harmattan-algerie.com

L'Harmattan Maroc
5, rue Ferrane-Kouicha, Talaâ-Elkbira
Chrableyine, Fès-Médine
30000 Fès
harmattan.maroc@gmail.com

Nos librairies en France

Librairie internationale
16, rue des Écoles – 75005 Paris
librairie.internationale@harmattan.fr
01 40 46 79 11
www.librairieharmattan.com

Lib. sciences humaines & histoire
21, rue des Écoles – 75005 Paris
librairie.sh@harmattan.fr
01 46 34 13 71
www.librairieharmattansh.com

Librairie l'Espace Harmattan
21 bis, rue des Écoles – 75005 Paris
librairie.espace@harmattan.fr
01 43 29 49 42

Lib. Méditerranée & Moyen-Orient
7, rue des Carmes – 75005 Paris
librairie.mediterranee@harmattan.fr
01 43 29 71 15

Librairie Le Lucernaire
53, rue Notre-Dame-des-Champs – 75006 Paris
librairie@lucernaire.fr
01 42 22 67 13

www.ingramcontent.com/pod-product-compliance
Lightning Source LLC
LaVergne TN
LVHW010931061026
849535LV00007B/2344